ゲノムでたどる古代の日本列島

斎藤成也 監修・著
山田康弘・太田博樹・内藤 健・
神澤秀明・菅 裕 著

東京書籍

ゲノムでたどる
古代の日本列島

CONTENTS

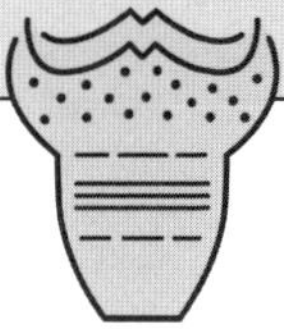

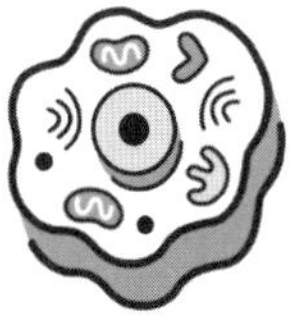

第0章

日本列島人のはじまり

斎藤成也
国立遺伝学研究所 名誉教授・特任教授

日本列島人の起源と成立をさぐる研究「ヤポネシアゲノム」

日本列島に人間がはじめて到達したのは、約4万年前だと推定されている。もっとも古い人工物である旧石器がそのころの地層から出土するからである。その後、1万6500年ほど前に、土器の製作がはじまった。縄目の文様がついている土器なので、縄文土器と呼ぶ。紀元前10世紀、3千年ほど前からは、縄文のない弥生式土器と呼ばれる土器の製作がはじまったので、それまでを縄文時代、それ以前を旧石器時代と呼ぶ。一方、弥生時代は紀元後3世紀まで続いた。その後は古墳時代となり、続いて飛鳥時代以降、歴史時代にはいる。表1に日本列島の年代名称をリストした。

列島の名称にも使われている「日本」は、紀元後7世紀、天武天皇の時代に制定された国家の名称である。それ以前には日本という言葉はなかった。したがって、日本人や日本列島という呼び方も、7世紀以前にはふさわしくない。そこでわれわれは、作家の島尾敏雄が1960年代に提唱したヤポネシアという言葉に着目した。ラテン語で日本列島の意

表1. 日本列島の年代名称とそのおおよその存続期間

旧石器時代	4万年前〜16000年前
縄文時代	16000年前〜3000年前
弥生時代	3000年前〜紀元後300年
古墳時代	紀元後300年〜紀元後600年
飛鳥時代	紀元後600年ごろ〜紀元後710年
奈良時代	紀元後710年〜紀元後794年
平安時代	紀元後794年〜紀元後1192年
鎌倉時代	紀元後1192年〜紀元後1333年ごろ
室町時代	紀元後1336年〜紀元後1573年
安土桃山時代	紀元後1573年〜紀元後1603年
江戸時代	紀元後1603年〜紀元後1868年
明治時代以降	紀元後1868年〜現在

味になるが、片仮名にすることにより、日本という字面からはかなり離れて見える。この言葉を使って、２０１８年度から２０２２年度までの５年間、文部科学省の新学術領域研究「ゲノム配列を核としたヤポネシア人の起源と成立の解明」（略称名：ヤポネシアゲノム）を遂行した。私はこの領域の領域代表を務めた。この領域研究のホームページは、http://www.yaponesian.jp である。

本書の著者は、私をはじめとして、すべてこのヤポネシアゲノムプロジェクトのメンバーである。

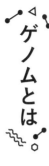

ゲノムとは

本書の書名はゲノムという単語からはじまっている。百年以上前の１９２０年に、ドイツの植物学者ハンス・ヴィンクラーが提唱したものである。このため、日本では一般にドイツ語風の発音をしている。英語だとジノームという風な発音になる。遺伝子（gene）と染色体（chromosome）の最初と最後をつなげた造語である。当時の生物学では、細胞の核内にある染色体に遺伝子の本体が乗っていることまでしかわかっていなかったので、ゲノム研究は、もっぱら光学顕微鏡で染色体の形と種類（核型）を観察することでおこなわれた。特に、植物の倍数体に関する研究が中心だったので、その最小単位である半数体（ハプロイド）を単位として、それをゲノムと呼んだのである。

その後、コムギの染色体を研究した木原均《ひとし》は、１９３０年代前半におこなったゲノム解析のなかで「生命の基本単位」という定義をゲノムに付与し、その重要性を指摘した。現在でもこの機能的定義は有効だが、遺伝子の物質的本体が明らかになり、塩基配列が決定されるにつれて、斎藤（２００４）が提唱したように、ゲノムを生命体

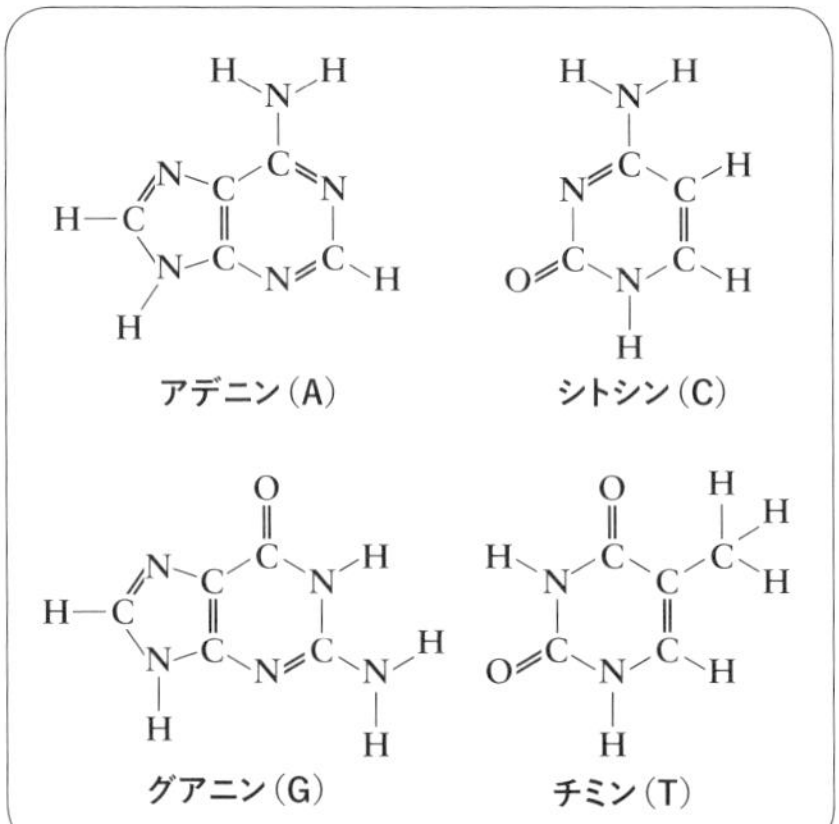

図1. DNAを構成する4種類の塩基（斎藤成也『ゲノム進化学』共立出版）

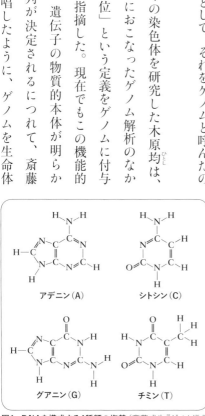

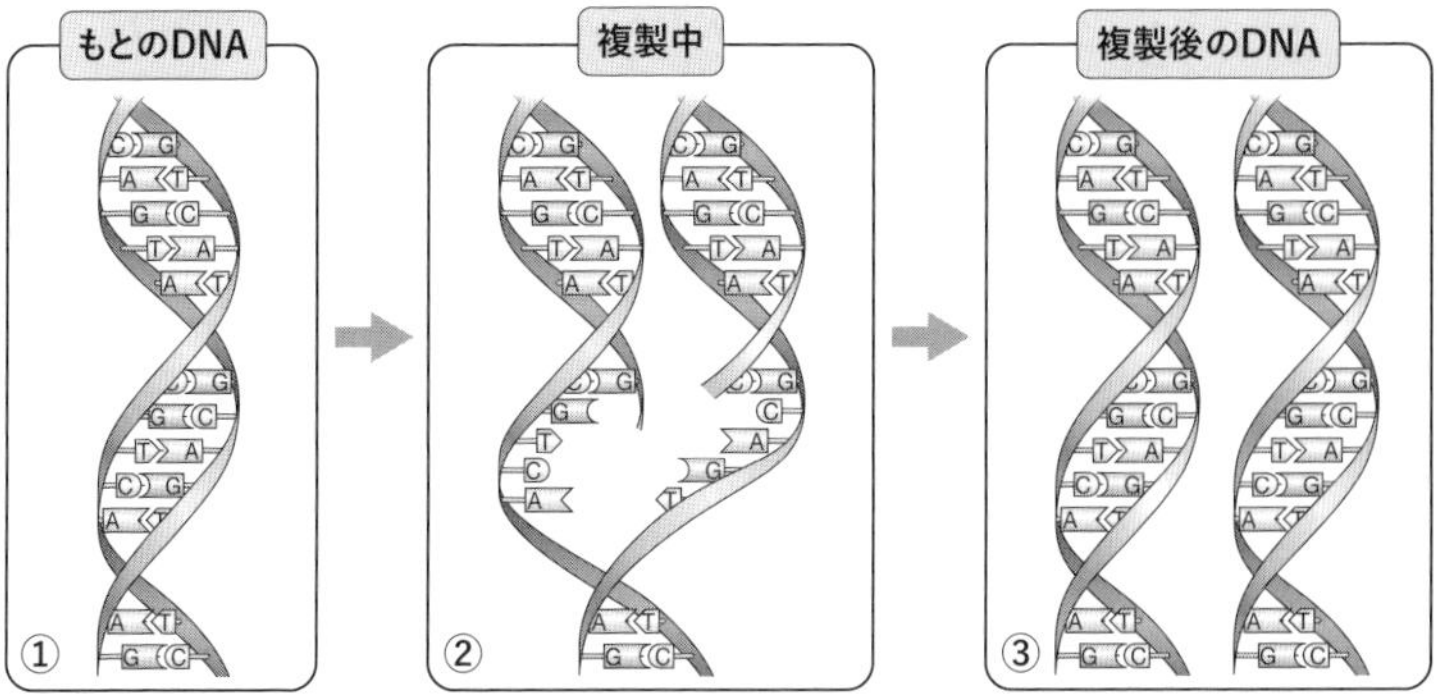

図2. DNAの半保存的複製の模式図（イラスト：青木 隆）

のもつ遺伝子セットの全体を指す構造的単位と考えることも多くなっている。

1940年代になると、遺伝子の物質的本体はデオキシリボ核酸（DNA）という物質であることが判明した。DNAはヌクレオチドという分子がつながってできている。ヌクレオチドは、デオキシリボース（糖）、リン酸、塩基という3つの部分からできていて、塩基にはアデニン（A）、シトシン（C）、グアニン（G）、チミン（T）の4種類がある（図1を参照）。遺伝情報は、ヌクレオチドに含まれる塩基の並びとしてDNAに保持されている。

1953年になって、DNA分子は長いひも状であり、しかも2本のDNA分子がからみあう「二重らせん構造」（図2①）をとっていることが、ワトソンとクリックによって解明された。これは、アデニン（A）

はチミン（T）と、グアニン（G）はシトシン（C）と相補的にくっつくからである（図2②）。DNAの塩基は水素結合によって対をつくる。アデニン（A）とチミン（T）は、2本の水素結合でくっつき、グアニン（G）とシトシン（C）は3本の水素結合でくっつく（図3）。これによってDNA分子の半保存的複製が生じる。「半保存的」と呼ぶのは、二重らせん構造をなしているDNA分子がほぐれて一時的に2本のらせんとなり、それぞれに新しいヌクレオチドが、塩基の相補性にしたがって、自動的にもとのヌクレオチドに水素結合してくっつき、新しい分子がつくられるからである。こうして、古い分子と新しい分子からなる二重らせん構造の分子が2個誕生する（図2③）。

人間のゲノムにはおよそ32億個の塩基が含まれている。人間の染色体は、46本から構成されているが、そのうち44本は常染色体であり、2本が性染色体である。これら46本は母親から受け継いだ染色体23本と、父親から受け継いだ染色体23本であり、母と父からそれぞれ1ゲノムずつ伝えられた2ゲノムに相当する。どちらの

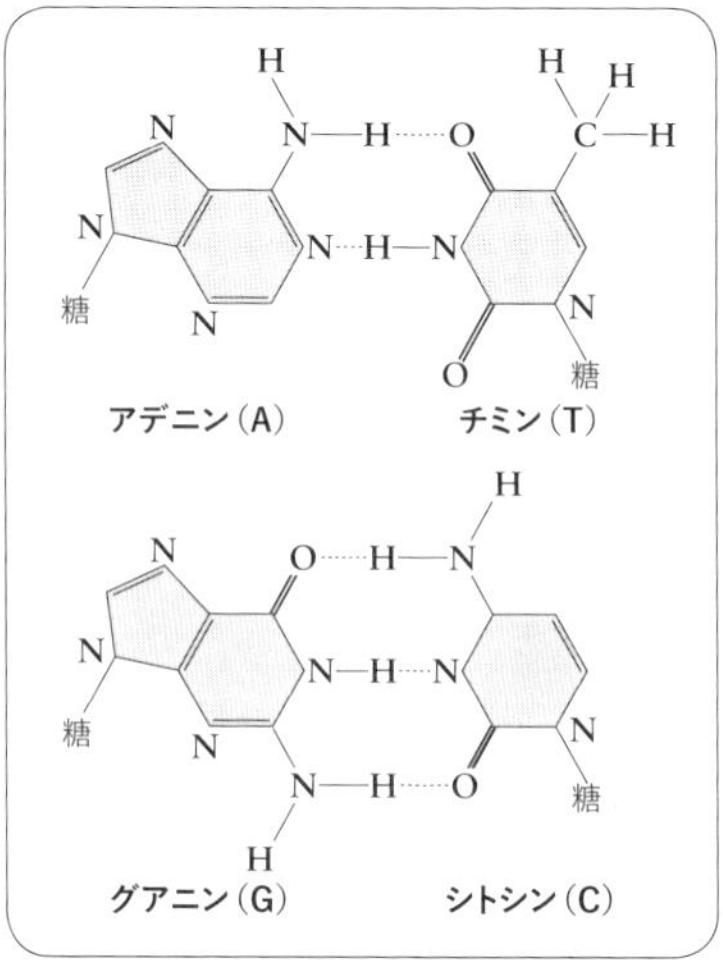

図3. DNA塩基のプリンとピリミジンの相補的結合の様子（斎藤成也『ゲノム進化学』共立出版）

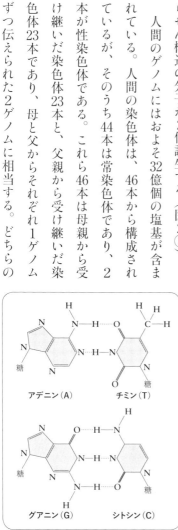

親からも同じような22本が伝わるのが常染色体であり、X染色体とY染色体の2種類が存在するのが性染色体である（図4）。女性の場合にはX染色体が2本、男性の場合にはX染色体とY染色体が1本ずつ含まれている。図4からもわかるように、X染色体のほうがY染色体よりもずっと大きい。したがって、女性のほうが男性よりも持っている塩基数は多い。

人間の持つDNAは、細胞核内にある2個のゲノムのほかに、細胞質内のミトコンドリアにも存在している（図5）。こちらは細胞核内のゲノムよりもずっと小さく、1万6500塩基ほどしかない。しかも、なぜか母親からだけ子供に伝わってゆき、父親も持っているミトコンドリアDNAは子供には伝わらず、母系遺伝を

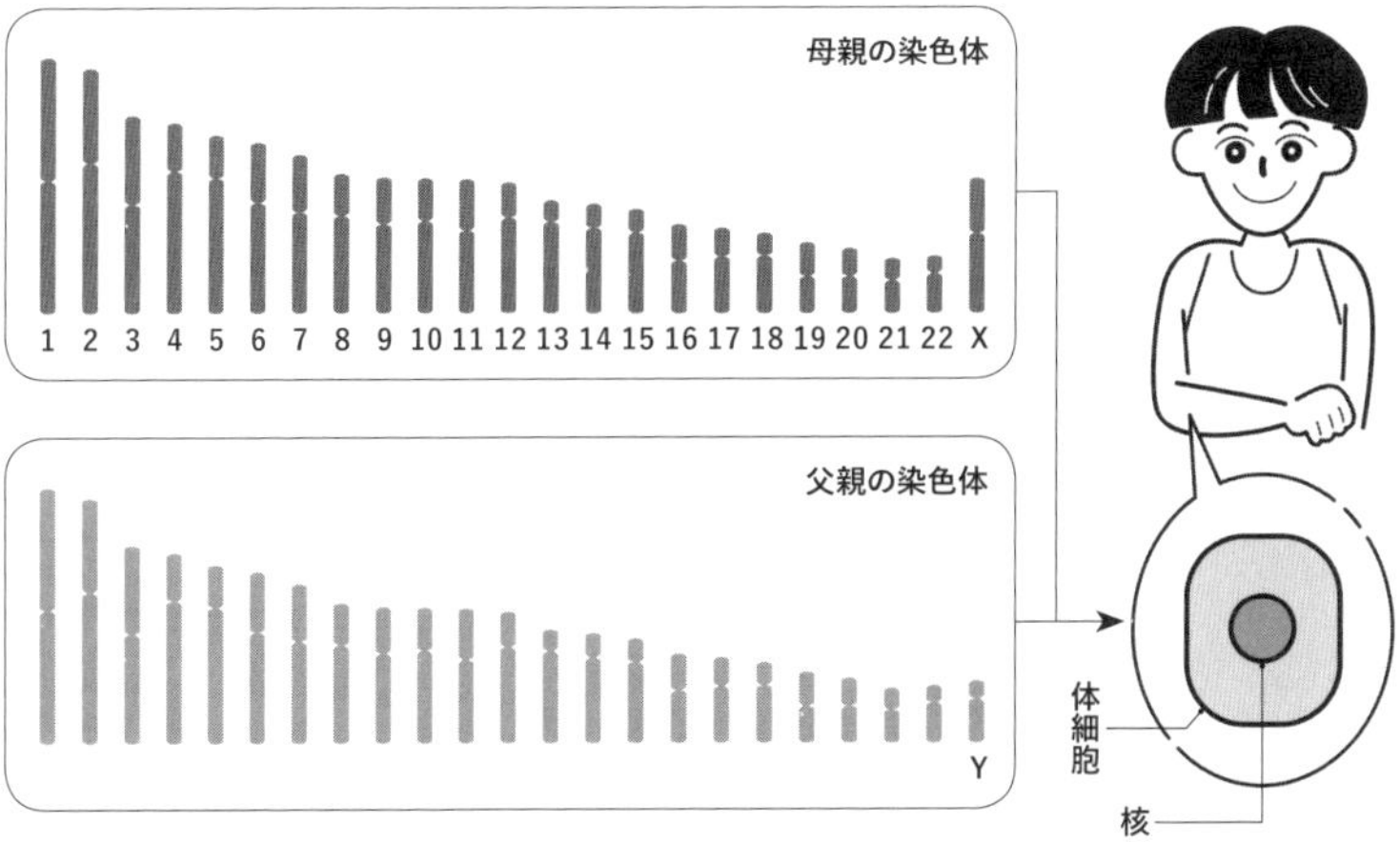

図4. ヒトの染色体の構成（染色体イラスト：青木 隆、人物・細胞イラスト：しまはらゆうき）

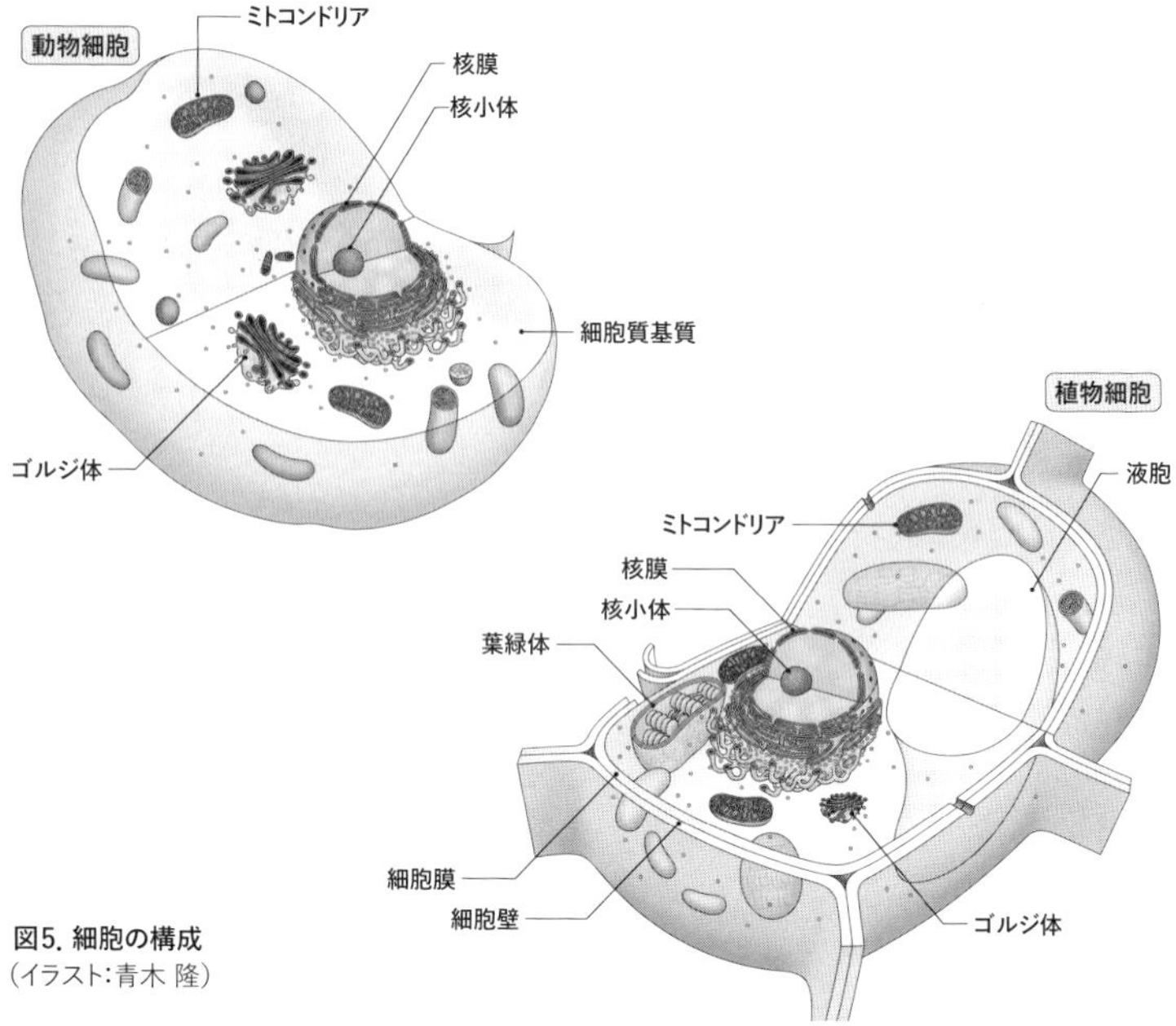

図5. 細胞の構成
（イラスト：青木 隆）

する。

どの細胞にも2ゲノムのDNAとミトコンドリアDNAが含まれているので、からだ中のどこからでも同じDNA情報を得ることができる。このため、現代人では血液や唾液を提供していただき、そこからDNAを抽出する。一方古代人の場合には、遺跡から出土した人骨からDNAを抽出することになる。骨が形になって見えていても、その中にあったDNAは、長年のあいだに大部分が壊れてなくなっていることが多い。そこで、比較的保存がよいとされる歯髄を削り取ったり、骨迷路と呼ばれる内耳の骨を削り取ったりして、そのパウダーからDNA抽出をおこなっている。

ヤポネシア人の起源と成立に関するこれまでの研究

ヤポネシア人（日本列島人）の起源と成立については、江戸時代以降、人類学においてこれまで主として3種類の仮説が提唱されてきた。提唱された順にいうと、置換説、混血説、変形説である。置換説と混血説では、ヤポネシア（日本列島）に複数回の渡来があったとするが、変形説では1回だけと仮定している。世界中の人間は同一種なので、しばらく離れればなれで系統がすこし異なってきた集団であっても、混血はつねに生じうる。21世紀の現在でも、世界のあちこちからさまざまな人々のヤポネシアへの渡来と、国際結婚という名前の混血が続いている。これらのことを考えると、常識的に考えて、混血説がもっとも妥当なはずである。ただ、混血の割合が小さく、集団がほとんど置き換わってしまった場合には、集団が置換したとみなしてもいいだろう。

▼仮説1：置換説

江戸時代の後期に、長崎の出島に滞在したフランツ・フォン・シーボルトは、もともとはアイヌ人の祖先集団が日本列島全体に住んでいたのではないかと想定した。その後ユーラシアから渡来した新しい人々が、日本列島の中央部と南部に進出し、アイヌ人の祖先は日本列島北部を中心に住むようになったと考えたのである。これが置換説の最初であろう。エドワード・モースは、1877年に大森貝塚を発見した。縄文土器などの発掘結果をもとにして、アイヌ人の祖先とは別の先住民が日本列島にいたと考えた。なぜなら、アイヌ人は土器を使っていなかったからである。これもヤポネシアにおいて人類集団が置き換わったとする「置換説」のひとつだ。

日本で人類学の研究を本格的にはじめた坪井正五郎は、モースに似た説を提唱し、コロポックルという先住民がいたと主張した。小金井良精《よしきよ》は、人骨の形態を当時知られていた技法で調べた結果をもとにして、坪井のコロポックル説を批判した。小金井は、日本列島の先住民の直接の子孫がアイヌ人であり、しかも彼らは世界のほかの人々とは大きく異なっていると主張した。その後現在の日本人の祖先である人々が大陸から渡来し、北海道より南では完全に人間が置換したと考えたのである。われわれが発表した縄文人の核ゲノムDNA配列を解析した論文（神澤ら2017、2019）によれば、縄文人の系統は東アジアの中で特異であり、また現代のヤマト人（大多数のヤポネシア人）に伝えられた縄文人DNAの割合は10％前後しかなかったので、ある意味で小金井の説に近いものだった。また鳥居龍蔵は、1918年に刊行した『有史以前乃日本』において、「固有日本人説」を提唱した。名称こそ「固有」となっているが、東アジアの大陸部から渡来した人々が、それ以前からヤポネシアに居住していたアイヌ人の祖先にかわって、日本人の中核になったという、置換説の一種である。

仮説2：変形説

日本列島人の起源に関するもうひとつの考え方に「変形説」がある。移行説、連続説、小進化説と呼ばれることもある。変形説では、最初の渡来民の子孫が小進化を経て現在の日本人となったものであり、過去と現在の時代差は、同一集団の変化にすぎないと考える。長谷部言人《はせべことんど》や鈴木尚《ひさし》がとなえた。特に鈴木は東日本を中心として多くの人骨データを比較解析し、歴史時代に日本人（ヤマト人）の形態が変化したことを実証した。たとえば、身長は江戸時代末期がもっとも低く、その後急速に高くなった。頭部の頭幅と頭長の比をとった頭示数も歴史時代に変動し、最近は短頭化現象といって、頭全体が丸くなりつつある。

このような実際のデータをもとにして、縄文人と弥生人の形態の違いも、渡来を考える必要はないとしたのが、変形説である。変形説にはアイヌ人やオキナワ人が考察に加えられておらず、またその後の研究から複数の渡来の波があったことが明確になったため、現在では否定されている。

仮説3：混血説

ヤポネシア人の成立過程において、混血が生じたとする考えを「混血説」と呼ぶ。エルヴィン・ベルツは、シーボルトや小金井と同様に、アイヌ人が日本列島北部を中心に分布した先住民族であると考えた。彼は1911年に発表した論文において、アイヌ人とオキナワ人の共通性を指摘している。これはのちに日本人の起源と成立に関するモデルに大きな影響を与えた。2012年に発表した筆者らのDNAデータ解析によって、ベルツの「アイヌ琉球同系説」は最終的に証明された。

一方、当初は置換説だった鳥居は、その後多重渡来説を提唱した。日本列島に最初に渡来したのはアイヌ人の祖先集団であり、縄文文化のにない手だった。つぎに朝鮮半島などの大陸から別系統の集団が渡来し、弥生文化や古墳文化をうみだした。これら渡来人の子孫が現代日本人の主要部分（ヤマト人）であり、それ以外にも、東南アジアなどいろいろな地域からの渡来人が混血して現代日本人になったとした。

ベルツや鳥居が提唱した日本列島人の混血説は、もともと妥当な説であるということもあり、またその後、清野謙次や金関丈夫など多数の研究者による成果が積み重ねられて、現在の混血説の定説としての「二重構造モデル」が誕生した。次のページの図6は、埴原《はにはら》和郎が1991年に発表した論文の図にもとづいている。

まず旧石器時代に、原アジア人がいる。埴原は、彼らがスンダランド（現在の東南アジアのなかで、氷河時代に海水面がさがって、スンダ列島やボルネオ島がマレー半島とひとつになった巨大な半島を指す）に居住していたと仮定した。彼らの歯の様式は、埴原和郎

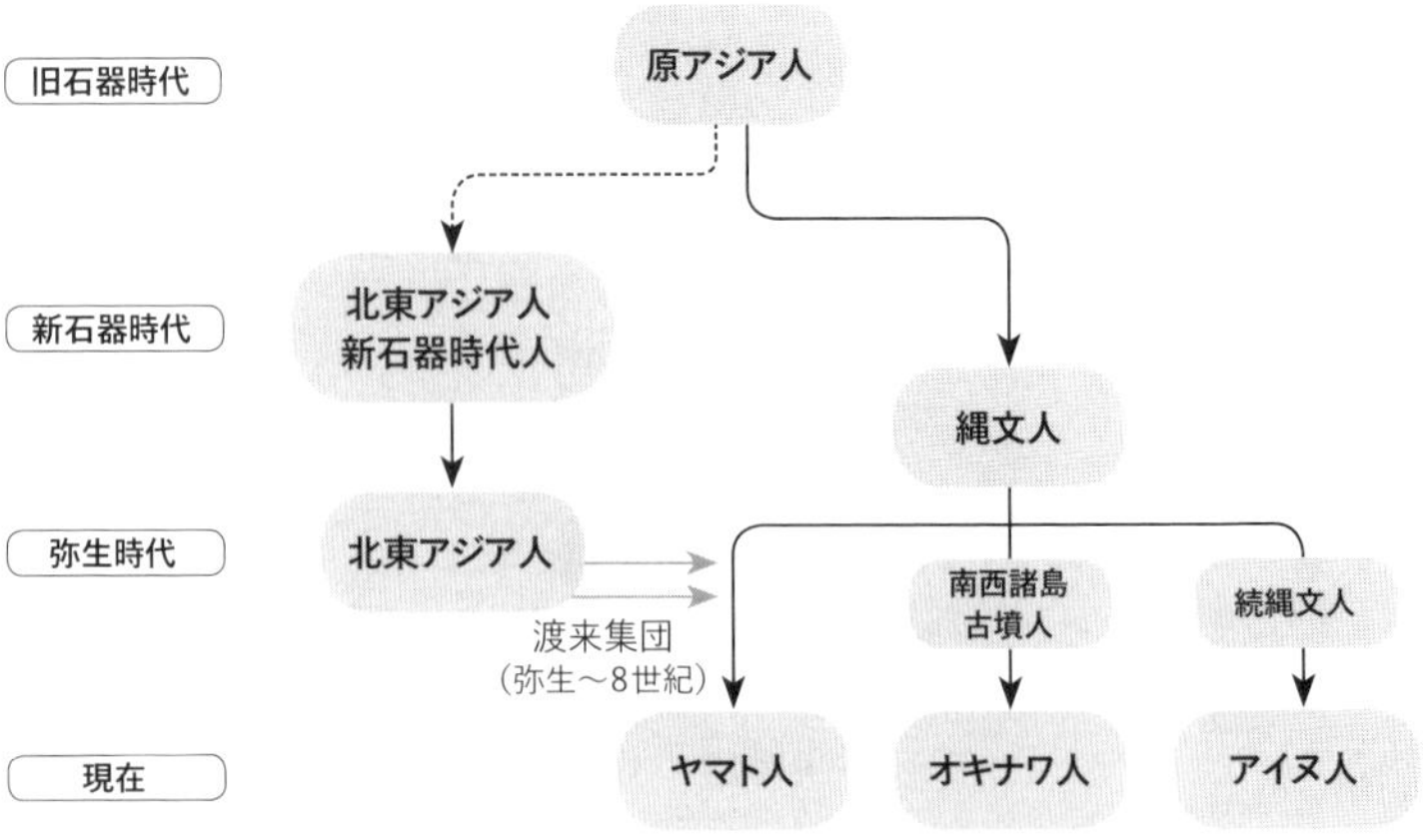

図6. 埴原和郎の二重構造モデル

が命名した「モンゴロイド歯型複合」を2種類に分けたクリスティー・ターナーによれば、スンダドントであり、北上してヤポネシアに移り住んだ人々の子孫である縄文人に受け継がれた。一方、北東アジアに北上した人々は歯の形が若干変化し、シノドントと呼ばれるものになった。この歯の変化のために、この部分だけ矢印が点線で書かれているのだろう。

北東アジアではその後稲作が導入されて、人口爆発が生じた。その一部がヤポネシアに渡来して稲作を伝え、弥生時代がはじまった。この渡来は北東アジア人からヤマト人への2個の矢印で示されている。渡来が弥生時代のはじめから8世紀（奈良時代）まで、千年以上にわたる期間続いたと仮定されているので、それをこれら2個の矢印で示したのだろう。一方、図6では、ヤポネシアの南北に居住していたオキナワ人とアイヌ人の系統には、これら大陸からの渡来はまったくなかったように見える。縄文人の遺伝子が、それぞれ南西諸島古墳人と続縄文人をとおして、現代のオキナワ人とアイヌ人に伝わったとされたのである。「二重構造モデル」には、このような単純化があるのだ。つまり、現在ヤポネシアの北部と南部に居住するこれら2集団は、縄文人（歯でいえばスンダドント）の直接の子孫だと、埴原は仮定したのである。一方、歯でいえばシノドントの子孫である北東アジア人の一部がヤポネシアに何度も渡来してきた。彼ら渡来人は土着の縄文系の人々と混血して、当初はおもにヤポネシアの中央部に居住していたヤマト人（歯でいえばシノドント）が誕生したと、埴原は考えたのである。

斎藤の三段階渡来説と「内なる二重構造」モデル

斎藤（2015、2017）は、過去10年間急速に蓄積してきた新しく膨大なデータを

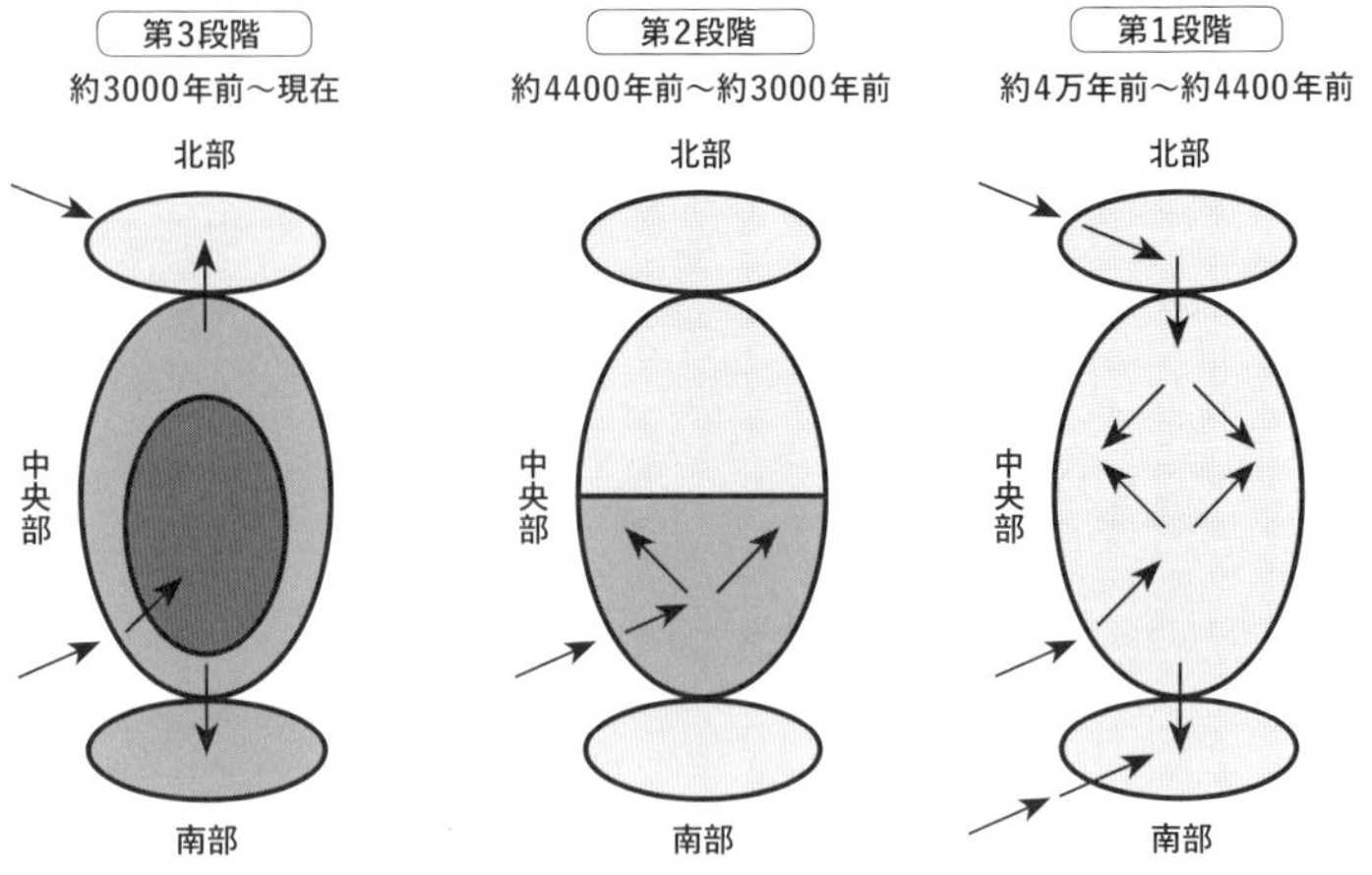

図7. ヤポネシアへの三段階渡来モデル（斎藤成也『日本列島人の歴史』岩波ジュニア新書 を参考に作図）

もとにして、以下のようなヤポネシア人の形成モデルを提唱した。このモデルでは、三段階の渡来の波を想定している。

第1段階：約4万年前〜約4400年前（旧石器時代の全期間と縄文時代中期まで）

狩猟採集民がユーラシアのいろいろな地域からさまざまな年代に、ヤポネシアの南部、中央部、北部の全体にわたってやってきた。主要な要素は、現在の東ユーラシアに住んでいる人々（のちの農耕民の子孫）とは大きく異なる系統の人々だった。ヤポネシア中央部の北側では、5000年前ごろ、人口が大きく増加したが、ヤポネシア中央部の南側では、九州を除けば人口密度がきわめて低い状態が続いた。

第2段階：約4400年前～約3000年前（縄文時代後期と晩期）

日本列島の中央部に第二の渡来民（漁労を生業の中心とした狩猟採集民）の波があった。彼らの起源の地ははっきりしないが、朝鮮半島、遼東《りょうとう》半島、山東半島、さらに揚子江河口域周辺までの沿岸域およびその周辺だった可能性がある。第二波渡来民の子孫は、日本列島中央部の南側において、第一波渡来民の子孫と混血しながら、すこしずつ人口が増えていった。一方、日本列島中央部の北側と日本列島の北部および南部では、第二波の渡来民の影響は、ほとんどなかった。

第3段階前半：約3000年前～約2000年前（弥生時代早期・前期・中期）

弥生時代に入ると、朝鮮半島を中心としたユーラシア大陸から、第二波渡来民と遺伝的に近いながら若干異なる第三波の渡来民（農耕民）が日本列島に到来し、水田稲作などの技術を導入した。彼らとその子孫は、ヤポネシア中央部の東西軸にもっぱら沿って居住域を拡大し、急速に人口が増えていった。日本列島中央部の東西軸の周辺では、第三波の渡来民およびその子孫との混血の程度が少なく、第二波の渡来民のDNAがより濃く残っていった。ヤポネシアの北部と南部および東北地方では、第三波渡来民の影響はほとんどなかった。

第3段階後半：約2000年前〜現在（弥生時代後期以降）

第三波の渡来民が、ひき続き朝鮮半島を中心としたユーラシア大陸から移住してきた。それまで東北地方に居住していた第一波の渡来民の子孫は、6世紀前後に大部分が北海道に移っていった。その空白を埋めるようにして、第二波渡来民の子孫を中心とする人々が東北地方に進出していった。一方、ヤポネシアの南部では、グスク時代の前後に、おもに九州から第二波の渡来民の子孫を中心としたヤマト人が多数移住し、さらに江戸時代以降になると、第三波の渡来民系の人々も加わって、現在のオキナワ人が形成された。ヤポネシアの北部では、奈良時代ごろから平安時代の初頭にかけて北海道北部に渡来したオホーツク文化人とのあいだの遺伝的交流があり、アイヌ人およびアイヌ文化が形成された。江戸時代以降は、アイヌ人とヤマト人との混血が進んだ。

ヤポネシア人の形成に関するこの三段階モデルの概略を、図7に示した。ヤポネシア人を大きくとらえると、北部のアイヌ人と南部のオキナワ人には、ヤマト人と異なる共通性が残っており、この部分は、新・旧ふたつの渡来の波で日本列島人の成立を説明しようとした「二重構造モデル」と同一である。図7で示したモデルが新しいのは、二重構造モデルでひとつに考えていた新しい渡来民を、第二段階と第三段階に分けたところである。第三段階のところで大小の楕《だ》円が示されているので、ヤポネシアの中央部に、「内なる二重構造」が存在している。

実際には、ヤマト人のなかに2種類の集団があるらしいことを発見したので、この三段階渡来モデルを考えついたのである。最初のきっかけは理化学研究所が7千人あまりの日本人のゲノム規模SNP[※1]データを解析した結果において、東北地方のヤマト人がすこしオキナワ人に似通っていたことである。つぎに、理化学研究所が調べなかった中国四国地方のなかで、筆者らが調べた出雲地方のヤマト人のDNAが、東北地方のヤマト人とすこし似ていたという発見である。そこで、「日本列島中央軸」という地域概念を提唱した（図8）。九州北部から山陽、近畿、東海、そして関東地方の中心部を結んだものだ。この中

※1　SNP：Single Nucleotide Polymorphism（一塩基多型）の略。その名のとおり、DNA塩基配列の中で単一塩基が生物個体によって異なっている場合を指す。くわしくは第2章参照。

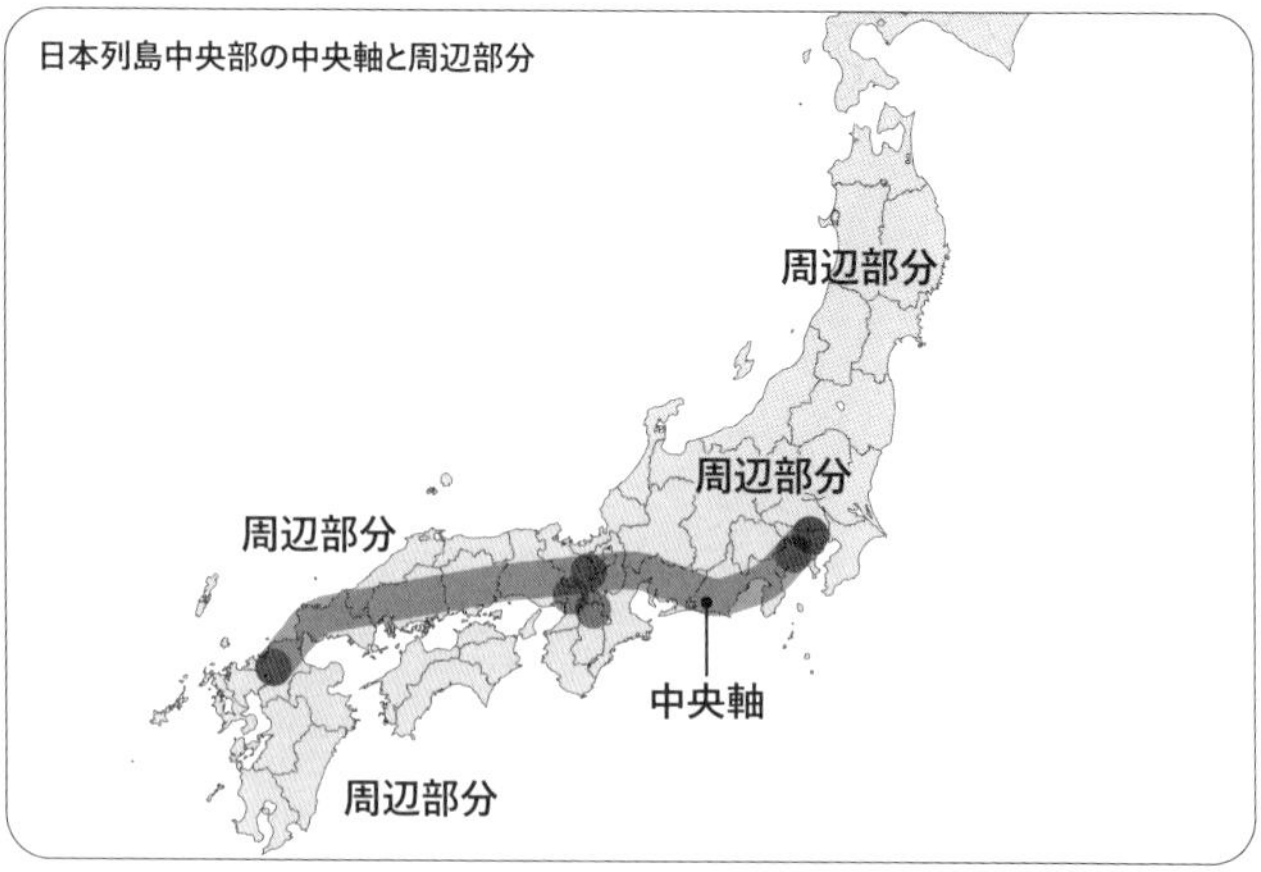

図8. ヤポネシアにおける中央軸と周辺部（斎藤成也『核DNA解析でたどる日本人の源流』河出書房新社）

央軸とその周辺部において、同じヤマト人だが遺伝的に若干異なっていると考えたのである。これが「内なる二重構造」モデルである。

「内なる二重構造」という仮説を検証するには、ヤポネシアの多数の地域の人々のDNAを面的に調べる必要がある。新学術領域「ヤポネシアゲノム」では、まさにこの面的なデータを得ることができた。共同研究を進めているジェネシスヘルスケア社から、47都道府県に居住する5万9105名のミトコンドリアDNA[※2]ハプログループ頻度データを提供してもらい、それらを当時私の研究室にいたジナム助教が解析した（Jinamら2021a）。沖縄県のミトコン

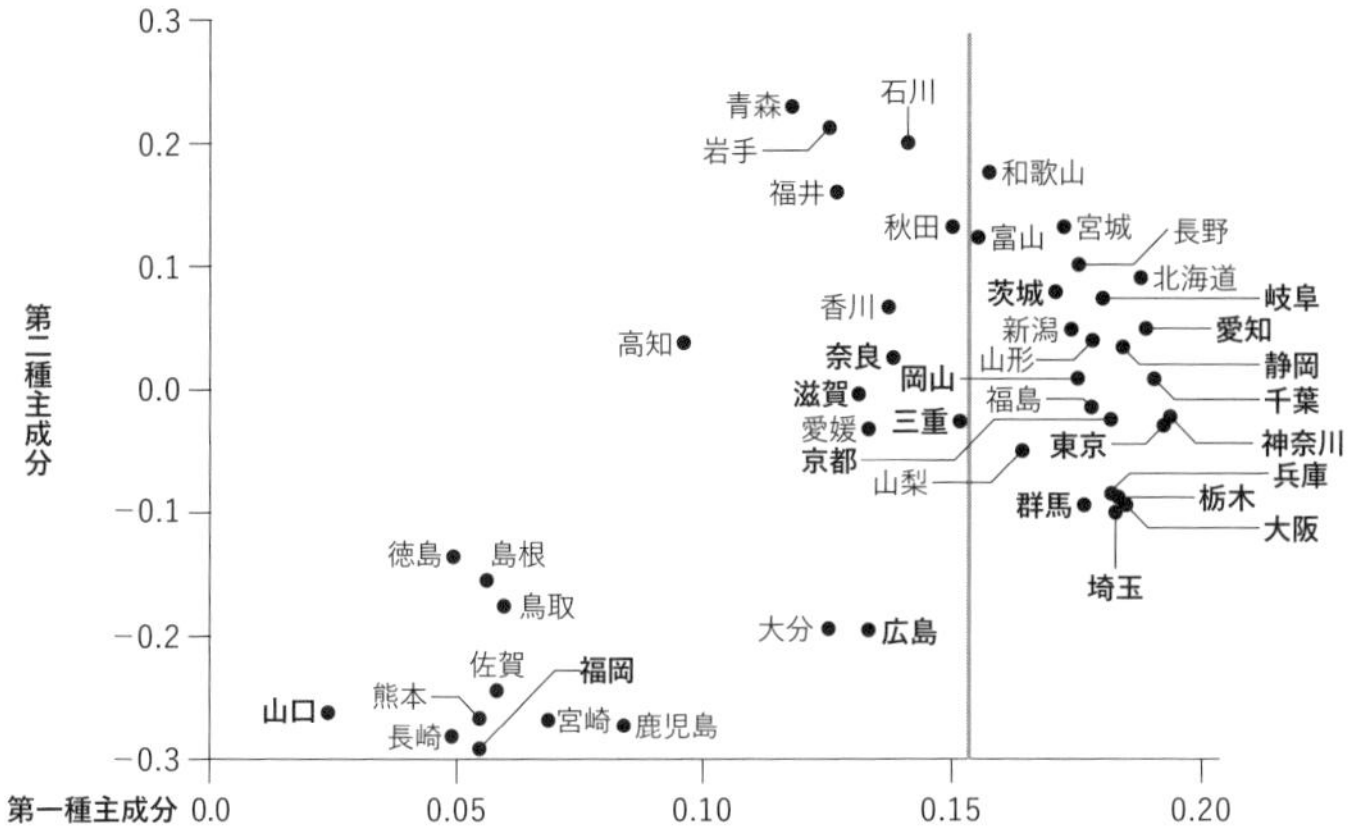

図9. ミトコンドリアDNAハプログループ頻度にもとづく46都道府県の主成分分析結果
（Jinamほか（2021）Modern human DNA analyses with special reference to the inner dual-structure model of Yaponesian. Anthropological Science, vol. 129, no. 1, 3-11.）

ドリアDNAハプログループ頻度はほかの都道府県のそれとは大きく異なっていたので、沖縄県を除いた残りの46都道府県のデータを、主成分分析という手法で解析した結果が図9である。太字で示したのが、日本列島中央軸に位置する都府県である。すると、これら日本列島中央軸の都府県は、図9の右側に偏って分布していることがわかる。これは、日本列島の中央軸と周辺部において、ミトコンドリアDNAのハプログループの頻度が異なっていることを示している。

※2　ハプロタイプ頻度（ハプログループ頻度）：ある集団中でDNA配列が多少異なっているものが混在しているとき、同一配列を持つグループをハプロタイプと呼び、それらの頻度をハプロタイプ頻度と呼ぶ。

図10. ミトコンドリアDNAハプログループ頻度にもとづく47都道府県の系統ネットワーク
（Jinamほか（2021）Modern human DNA analyses with special reference to the inner dual-structure model of Yaponesian. Anthropological Science, vol. 129, no. 1, 3-11.）

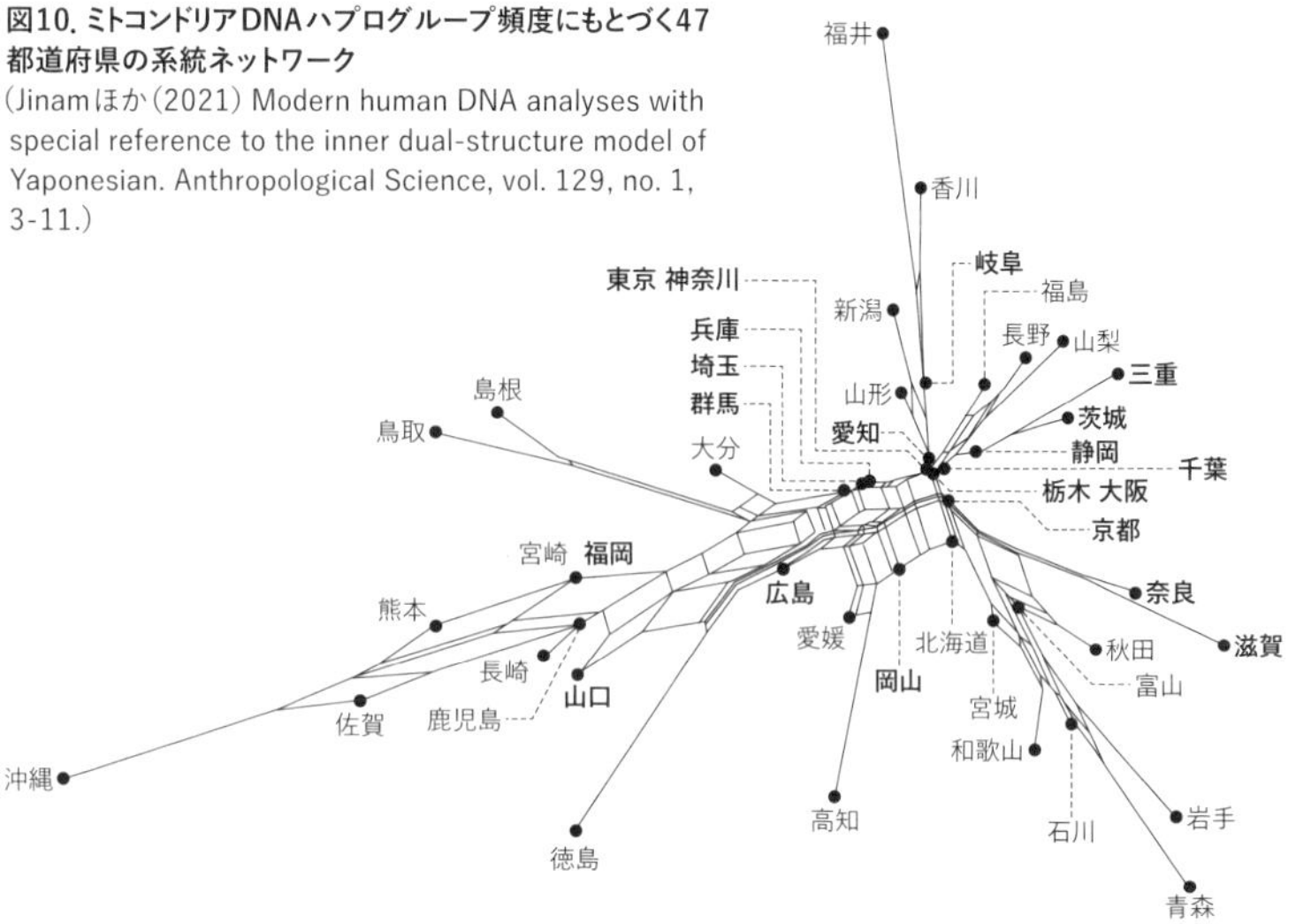

また、系統ネットワークという手法で、ミトコンドリアDNAハプログループ頻度のデータから47都道府県の関係を示したのが図10である。このネットワークでは、日本列島中央軸の都府県の多くが文字通り中央部に位置している。また沖縄県からみると、大分県を除く九州の県が近い位置にある。

一方、Jinamら（2021b）は、理化学研究所が収集しタイピングした日本の7地域（北海道、東北、関東甲信越、東海北陸、近畿、九州、沖縄）集団のDNAデータと、われわれ自身が収集しタイピングしたアイヌ人、オキナワ人、出雲と枕崎の4集団および韓国人・中国人のデータを比較した。系統ネットワークを描くと、まずアイヌ人がほかのすべての集団から大きく離れていた。アイヌ人を取り除くと、オキナワ人と大陸の2集団（韓国人・中国人）がお互いに離れており、それらの中間にヤマト人（本土日本人）が位置していた。ヤマト人集団の部分を拡大したのが図11である。

ヤマト人の中でも、近畿地方人がもっとも大陸の2集団に近く位置しており、それに対して鹿児島県の枕崎市の人々はオキナワ人にもっとも近かった。それに次いでオキナワ人に近かったのは出雲人だが、出雲人独自の枝もけっこう長かった。また東北地方人は小さいながらオキナワ人と共通する要素を持っていた。これらのパターンは、内なる二重構造モデルを支持しているように思われる。

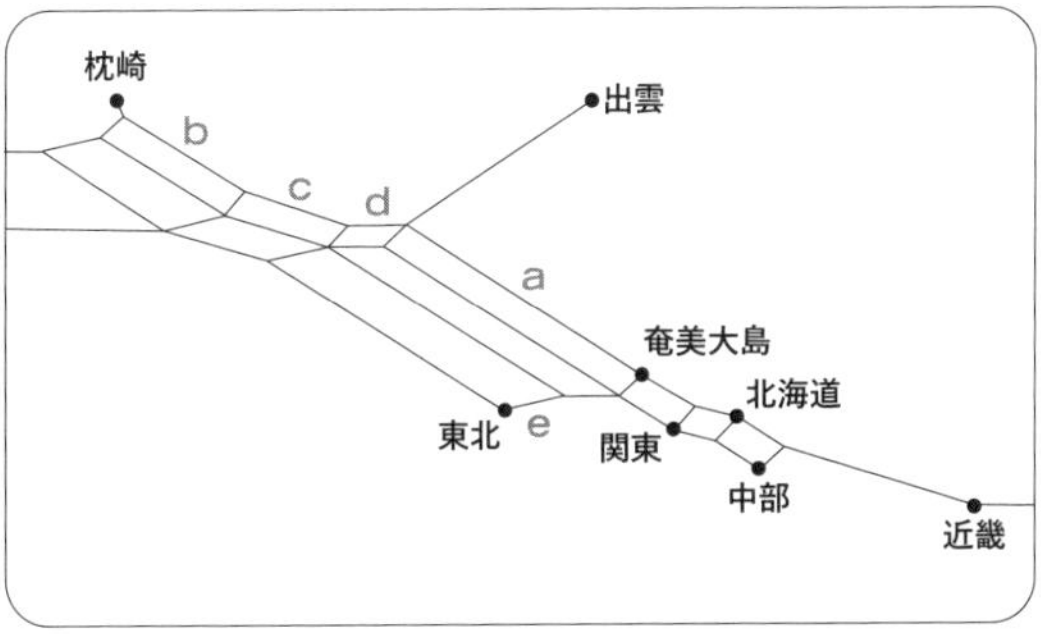

図11. ゲノム規模核DNASNPデータにもとづくヤマト人の系統ネットワーク
（Jinamほか（2021）Genome-wide SNP data of Izumo and Makurazaki populations support inner-dual structure model for origin of Yamato people. Journal of Human Genetics, vol. 66, 681-687.

本書で紹介されている古代人のゲノム研究と植物2種のゲノムの研究

本書では、第1章で考古学者の山田康弘東京都立大学教授が、縄文時代について自身の若い時からの体験をまじえて熱く語っている。第2章からはゲノムの話となるが、最初は人類遺伝学の研究をされている太田博樹東京大学教授が、古代人ゲノム研究の紹介だけでなく、2001年9月11日の米国同時多発テロ事件の際に米国に留学中だったときの思い出や、アルコール代謝に関係するアルデヒド脱水素酵素およびアルコール脱水素酵素の遺伝的多型の研究、あるいは糞《ふん》石から古代DNAを抽出する研究を紹介されている。第3章ではアズキゲノムを研究されている農研機構の内藤健先生が、アズキのゲノムを決定し、アズキがどうやら縄文時代から日本列島、すなわちヤポネシアで栽培化がはじまったらしいこと、さらには小豆と書いて、なぜアズキと発音するのかという言語学的な考察も、ゲノム解析の結果とからめて盛り込まれている。最後の第4章は、縄文時代人、弥生時代人、古墳時代人のゲノムをどんどん決定・解析している国立科学博物館人類研究部の神澤秀明さんが担当した。弥生時代人は特に地域差や年代差が大きく、ヤポネシアにおいて急速に縄文要素が減少してゆく過程がみてとれる。

コラムだが、もうひとつ別の植物のゲノム研究が紹介されている。食用ではないが、やはりヤポネシア人が縄文時代から慣れ親しんできたウルシについて、県立広島大学の菅裕教授が自身の研究の進展状況を紹介している。ゲノムにはさまざまな情報が含まれているので、ウルシのゲノムＤＮＡ配列を決定できた暁には、ウルシの起源について、またどのようにしてウルシの木の樹液が漆に変化してゆくのかが解明できるだろうとしている。今後の研究の進展に期待したい。

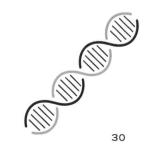

第1章

縄文時代を「掘る」

——どうやって考古学者になり、なぜ墓をテーマに研究することになったか——

山田康弘
東京都立大学人文社会学部 教授

最初は理系少年だった

私が物心ついてから、最初になりたいと思ったのは宇宙飛行士だった。それは、今でも大好きな特撮テレビ番組である、ウルトラセブンの影響がはなはだ大きかったと思う。ウルトラセブンの初回放送は1967年なので、無論年齢的に私が見たのは再放送であったが、学校がひけて家に帰り、夕方になるとテレビの前にかじりついていたことは、よく覚えている。宇宙へと飛び立つウルトラホーク1号はかっこよく、いつかは自分もウルトラ警備隊に入りたいと本気で思っていた。

しかし、ウルトラ警備隊がフィクションであるとわかっても、宇宙への憧れは衰えず、アメリカのアポロ計画の図鑑など見ては、青空の向こう側へ想いをはせていた。だが、1970年代当時、日本人が宇宙飛行士になる道はまだ存在せず、また、あることからその想いも早くに断ち切ることになった。暗い場所で図鑑ばかり見ていたからだろうか、近眼になってしまったのである。近眼では宇宙飛行士になれないと、手持ちの図鑑には書いてあった。しかしながら、宇宙に対する興味は中学生になっても持ち続け、ちょうどテレビではカール・セーガン博士の『COSMOS』が放送されていたこともあり、宇宙飛行士になれなくとも宇宙を研究する科学者にはなれるのではないか、と考えたりした。

当時、私の通っていた中学校では自主研究の時間というものがあり、生徒は本当に自分の好きなテーマを選んで、自分で調べ、勉強することができた。少々こまっちゃくれた少年であった私は、自主研究の時間に、よくわかりもしないのに天文学者の小尾信彌氏が書かれた『タキオン』などを読みあさり、相対性理論だのブラックホールだのと言って、ひとり悦に入っていた。今思い出すと、恥ずかしくて、穴でも掘って隠れたくなる。

今度は法律家に

しかし、中学3年生ともなり、現実をシビアに見ることが少しはできるようになると、何を考えたのか、今度は法律家になりたいと思うようになった。これは、間違いなく当時テレビでやっていたフランキー堺氏主演のドラマ『赤かぶ検事奮戦記』の影響だろう。今更ながらに自分のミーハーさ加減に頭が痛くなるが、まだ世の中を知らず、善と悪というものがきれいに2つに割りきれると思っていた頃のことである。

ところがこの法律家志望の夢も、中学校の社会科見学で実際の裁判を傍聴したことにより吹っ飛んでしまった。裁判自体は飲酒運転による事故をめぐるものだったが、その事実関係の認定について検察側と弁護側がもめにもめていた。事実として自動車事故は起こったのだが、その認識・理解が立場によって大きく異なっていたのである。わずかな傍聴時間ではあったが、私は世の中の物事は簡単に善悪のみの二元論で片付けることができないということを、その時に知った。そこで、法律家になることを諦め、今度は自らが歴史の真実を掘り出す（と思っていた）考古学者になろうと決心した。考古学とは広義には歴史学の一分野であり、ヒトが残したモノ（物的資料、土器や石器、住居の跡や墓から、捨てられた食べ残し、排せつ物まで含む）を対象に研究を行う学問だ。なので、ヒトではない恐竜やアンモナイト、三葉虫などは古生物学の研究対象となる。

実は私が小学生時代を過ごした千葉県松戸市は、1970年代当時、すでにベッドタウンとして開発が進んでいたが、至る所に台地や雑木林が手つかずで残っていた。ちょっと森に入ると大きなノウサギを見かけたり、クヌギの木を蹴っ飛ばすとカブトムシやクワガタムシが落ちてきた。台地の上に開墾された畑には、縄文土器の破片や黒曜石製の石鏃《せきぞく》（石のやじり）などがたくさん落ちていた。当初はあまりこれらの土器や石器には興味を示さなかったのだが、母方の伯父に箱一杯の縄文土器の破片や石器をもらい、そちらの方も図鑑で調べ始めることで次第に面白いと思うようになり、小学6年生の頃にはいっぱしの「考古少年」になっていた。偶然にも通っていた小学校は遺跡の上に建てられており、周辺は遺跡だらけだったので、登下校時に畑を見て歩き、ほどよい大きさの土器や形がしっかり残っている石器を拾い集めた。しかし、当時は考古学者が食べていくことのできる職業だとは、世間一般に思われておらず、母親からも「考古学者と天文学者だけはやめて欲しい」と言われる始末であった。なにやら、母親の故郷で墓石にしがみつきながら亡くなった人がいたらしく、考古学者と天文学者は尋常な人ではないと思われていたらしい。

大学はどこへ

本格的に考古学の道へと進むきっかけとなったのは、高校3年生の時に通っていた進学塾の日本史担当の先生に、意を決して「私は将来考古学者になりたいのですが、どこの大学へ行けばよいでしょうか」と相談に行ったことであった。この先生の本職は民俗学の研究者であったが、とにかく授業中に話されるフィールドワークでの体験談が面白く、すぐにその話の虜《とりこ》になってしまい、授業をほったらかして考古学より民俗学の方が楽しそうだなと思うくらいであった。なにより研究者であるというところに心惹《ひ》かれた。相談にうかがうと、先生は「とにかくよい大学に行きなさい。そうすれば必ずよい先生がいるから、そこで判断したらどうか」というアドバイスをしてくださった。その方のお名前は新谷尚《たか》紀《のり》先生。後に私が国立歴史民俗博物館に勤めるようになった際に同僚となり、また私の博士論文の審査員を引き受けてくださった方であった。その後國學院大學に移られ、たまにテレビに出演されているので、知っている読者の方もいるかもしれない。とにかく人生とは不思議な縁でつながっているものである。

さて、肝心の大学選びは難航した。というのも、私は中学受験を経験したので大学受験を迎える頃には、受験勉強にほとほと飽きてしまっていたのである。高校3年生の10月頃、周りの友人たちはこれからが本番と鉢巻き締めて頑張っているのに、私は授業にも出ず、図書室に行っては、イギリスのグラナダ放送から刊行されていた英語版のシャーロック・ホームズ全集を読みふけるという学校生活を送っていた。わからない表現が出てくると、今度は戦後すぐに月曜書房から刊行された延原謙氏訳の日本語版の文章と対比し、文意を探ったりした。延原氏の戦後すぐの訳は、旧仮名遣いで格調高く、わかりやすさを優先させた最近の訳とはひと味もふた味も違うので、大好きだ。また、大学に入って2年間の教養教育を受ける（1980年代の大学はほとんどがそうだった）なんてことはまっぴらごめんで、できれば大学1年生から本格的に考古学を学ぶことのできる大学に行きたかった。かといって、それができる私立大学となるとさすがに学費が高く難しいと親に言われてしまい、奨学金を借りることを前提として国立大学を目指さざるを得なかった。果たしてそんな大学があるのかと探してみると、新設で実験的な教育を行っていた筑波大学では、1年生から研究室に入り、考古学を専攻できることがわかった。こうして、大学受験の第1志望は筑波大学と自分では決めたのだが、それを親に話すと「なぜ今住んでいる東京にたくさんの大学があるのに、わざわざ茨城県の大学へ行くのか」と押し問答になってしまった。結局、実家から筑波まで通うから、ということで親を説得し、どうにかこうにか狭き門？　を突破して、晴れて筑波大学生となったのであった。しかしながら、一方では実家から出てひとり暮らしをしたいと私は考えていたので、大学合格後、やっぱり遠いから無理、とのたまってひとり勝手に大学の宿舎に入る手続きをしてしまった。親もさぞやびっくりしたことだろう。

考古学徒として歩き始める

こうして考古学の勉強をすべく筑波大学に入学したわけだが、当初は古墳時代を専攻したいと考えていた。学校の遠足などで、房総風土記の丘にある龍角寺古墳群を訪ねたりしており、円墳、方墳、前方後円墳といった墳形という目で見てわかりやすい特徴が古墳にはあったからだ。また、保育社から刊行されていた同志社大学の森浩一先生の『古墳』という写真付解説本を、高校生の頃に熟読していたのも大きかった。ところが大学に入り、本格的に考古学の勉強を始めると、どうも階級など上下関係のある古墳時代の社会というものが自分自身になじまない。自分の中で、やりたいことと「ちょっとちがう」という直感が働いたのであろう。当時筑波大学の考古学研究室は、建物の4階・5階・6階にそれぞれ学生・大学院生のたまり場となる部屋があり、4階が弥生・古墳時代、5階が縄文時代、6階が旧石器時代という感じで分かれていた。教官の研究室はまた別にあり、学生のたむろする部屋にはほとんどお見えにならなかった。

そのように鬱屈した日々を過ごしたある日、5階の縄文研究室に顔を出すと、そこで当時技官であった山田昌久先生と初めてお会いした。山田先生はまだ30代だったにもかかわらず、木製品研究の第一人者の方であった。快活で人当たりがよく、非常に面倒見のよい先生で、私も大変お世話になった。その出会い以降、時間を見つけると山田先生のいる5階へと足を運び、お話をうかがった。次第に縄文時代の研究もいいなと思い始めた。今考えると、私自身の研究者人生を決定づけた運命的な出会いであったと言えるかもしれない。

山田先生の研究テーマが木製品であったこともあり、縄文時代の考古学は土器と石器だけでないことを知った。先生からは、考古学を研究していく上で動物学や植物学的な知識、民俗学的な知識が必要であることを教わった。また、当時筑波大学には西田正規先生がいらっしゃり、考古学というよりも生態人類学的な研究を行われていた。

ここで考古学と人類学の違いに触れておこう。日本では考古学とは、先も述べたとおりヒトの残したモノを研究対象とする学問である。これに対し、人類学は大きく今現在生きているヒトの文化を研究対象とする文化人類学とヒトそのものを研究対象とする自然人類学に分かれる。自然人類学には、ヒトのゲノム情報を対象とする分子人類学や、ヒトがどのように暮らしているのかという生態に焦点を当てた生態人類学が含まれる。

著名な鳥浜貝塚（福井県若狭《わかさ》町にある縄文時代草創期〜前期の遺跡）の植物遺存体を分析された西田先生のお話も非常に面白く、「おれは土器編年なんか信用せんからな」とおっしゃり、土器や石器の研究よりもむしろ考古学と人類学を結びつけるようなお仕事をされていた。西田先生の著書『定住革命』は、人類が定住を始めたことにより、何が起こったのかを人類史的に、しかも簡明に説明された名著だと思う。現在は講談社学術文庫から『人類史のなかの定住革命』として復刊されているが、後年私が島根大学に赴任し中国地方の縄文時代についてのフレームワークを作った際に、この「定住革命」は理論的バックボーンとして大いに役に立った。

さて、そんな学部生生活も4年目を迎え、いよいよ卒業論文を書くという段になった。私は2年生の頃から千葉県松戸市教育委員会の古里節夫さん、大塚広往さんにお願いして、松戸市幸田貝塚の発掘調査に参加させていただいていた。当時の大学は出席など取らなかったので、学生でも平日に長期間発掘調査に参加できたのである。これについては、今でも懐かしい思い出がある。発掘調査に参加し、トレンチの中でうずくまり土器片を掘り出していると、「授業に出てこないと思ったら、こんなところにいたの」と頭上から声がする。驚いて上を見上げると、指導教官のひとりであった岩崎卓也先生がニコニコしながら、こちらを見下ろしていた。びっくりして立ち上がり、言い訳しようと口をモゴモゴさせていたら、岩崎先生は「授業に出るよりも、よっぽど勉強になります。しっかりおやりなさい」とおっしゃってくださった。大変ありがたい話で、ほとんど出席せず、期末レポートを提出しただけで、先生の授業は合格となった。今、大学でこのようなことをしたら、大問題になってしまう。ほとんどの大学では、学生の品質保証という観点から、授業への出席を厳しく義務づけているからだ。今の大学教育システムでは、昔のような考古学徒を育てることは、残念ながら不可能だということも、ご理解いただきたい。

さて、卒業論文の話だった。当初、私は幸田貝塚から出土する関山式土器の細分編年を行うつもりであった。関山式土器とは縄文時代前期前葉の土器で、土器全体に羽状縄文、ループ文などといったさまざまな縄文が施され、さらには竹を半分に割ったような道具で、さまざまな文様が描かれている（半截竹管文《はんさいちくかんもん》という）、これぞ縄文土器と言わんばかりに、縄目だらけの土器である。埼玉県蓮田市の関山貝塚から出土した土器を基準の標本としたため、この名前がつけられている。

幸田貝塚を調査していると、関山式土器の出土の仕方にある一定の傾向が見えてきた。

幸田貝塚出土、関山式土器（松戸市蔵、千葉県教育委員会より写真提供）

それは、関山式土器を出土する住居は、ほぼ関山式土器以外出土しないということであった。当時、考古学関係者の間では知られていたことだったのかもしれないが、私自身が気がついたこの傾向をもとに、重複している、つまり時間的前後関係のわかる竪穴《たてあな》住居の床面から出土した関山式土器同士を比較して、細かい時間差を明らかにしようと企図したのである。

考古学では出土した土器の型式を、時間を計る「ものさし」の目盛りとして利用する。当時、この目盛りは細かければ細かいほど、よいとされていた。卒論のタイトルは「幸田貝塚出土資料による関山式土器の細分編年」。これを大学4年生、夏休み明け10月の卒論指導会（4年生が全員集められて、教官全員の前で卒論のテーマをどうするのか、その進捗状況はどうかを質問されるゼミ）において、意気揚々と発表した。岩崎先生は「本格的な土器論をするのは君が初めてですね」と言ってくださったが、縄文時代を担当する主任指導教官であった西田先生の眼鏡にはかなわなかったらしい。「そんなつまらん卒論、ワシは読まん！」と言われてしまい、困惑した。これも今ならパワハラだ、アカハラだということになるのかもしれないが、当時はあくまでも厳しい指導の一環であった。卒論提出まで、あと3か月。どうすりゃいいんだ！ と頭を抱えたが、それならばいっそのこと、当時の縄文時代研究のなかでも、もっとも「いかがわしさ」が漂っていた墓の研究をしてやろうと考えた。当時の縄文時代の研究において、その主流となっていたのは、やはり土器の研究であった。その王道を捨てて、墓の研究に転じたのだから、我ながら大胆な転換だったと思う。後年、私が島根大学の助教授になり、とある研究会で中国地方における縄文時代の墓制について発表した時でさえも「墓はなんとでも言えますから」と、年配の某大学教授に面と向かって言われてムッとしたことがある。要するに、どのような仮説を立てようとも、それは想像の域を出ず、検証できないということだ。実はこの言葉が、考古学的仮説を人類学的な手法で検証しようという発想に結びつくのだが、それはもっと後の話だ。

卒論で墓を対象にするといっても、縄文時代の墓にはいくつもの種類がある。まず、墓という施設そのものの分類でいうと、地面に穴を掘って遺体を埋めただけの土坑墓、墓穴の内側に平たい長方形の石を箱状に並べた石棺墓、墓の上に石を並べた配石墓などがある。さらに、遺体そのものの取り扱い方、葬法によっても分類することができる。たとえば、墓穴の中にひとりで、埋葬儀礼の回数が一回で終了したと思われる単独・単葬例。墓穴に複数の遺体が納められ、なおかつ一回埋めたのに骨になった頃を見計らって掘り出し、もう一度埋葬儀礼を行う合葬・複葬例。これらの諸要素が複雑に絡みあうため、墓の分類はなかなかややこしい。しかし、その中でも遺体が土器の棺桶《かんおけ》に入れられて葬られる土器棺墓ならば、分類的にも絞り込みやすいし、土器によっていつの時期のものかも確定できる。これまで縄文土器について勉強してきたことは無駄にならない。また、通常土器棺墓には子供が埋葬されていることが多い。であれば、いっそのこと対象を子供全体に広げたらどうか。これは、我ながらいい発想だと思った。当時、墓の研究というと、大人の事例ばかりが対象となり、子供の墓は副次的に扱われることが多かった。なので、縄文時代の子供の墓をやっている研究者はほとんどいなかった。縄文研究に残された未開の地を見つけた気がした。「これはひょっとしてチャンスじゃん」、と。こうして私の卒業論文は大きく方向転換し、タイトルも「縄文時代の子供の埋葬」となった。

さて、墓を研究するとなったら、その意義についても触れておかねばなるまい。墓からは、過去に関する非常に多くの情報を得ることができる。埋葬された人（被葬者）の生前における個人的、社会的な側面が多々表現されているからだ。たとえば近現代では、社会的な地位や身分が高く、資産家であったなど裕福な人の墓は、そうではなかった人の墓よりも概して大きく、墓石などもよい石材を用いている場合が多い。墓地の区画面積も相対的に大きいだろうし、場合によっては見晴らしがよいところ、日当りのよいところに墓が築かれていることもあるだろう。墓自体の形状も、他の人々のものより豪華・壮麗につくられていることだろう。このことを裏付ける事例としては、日本各地に残されている大名家の墓や豪農の墓、地方の名家の墓などが挙げられる。つまり墓の規模や墓地区画の大きさ、場所、形状といった墓に表現されているさまざまな情報は、被葬者がどのような人物であったのかという、生前の社会的な位置付けを表現しているということになる。そればかりではなく、被葬者が生前帰属していた家族・一族・社会集団がどのようなものであったのか、そのあり方すら表す場合もあるといえる。また、その人が生前信仰していた宗教や、あるいは帰属していた社会集団ごとの習俗などによって、墓の形状や戒名、遺体の取り扱い方、死装束、副葬品などが異なる場合もある。この場合、遺体を納める施設・場所である墓と、それを営む制度である墓制には、先に述べた社会的なあり方とともに、精神文化的な側面が表されているということができる。

このように、墓からは被葬者に関する生前の社会的地位や精神文化について、非常に多くの情報を得ることができる。「墓は社会を映す鏡である」という言葉があるが、考古学者が墓をことさら重要視するのは、それなりの理由が存在するのである。幸い、縄文時代の墓、特に貝塚内あるいは近接して設けられた墓からは、被葬者の遺体、すなわち人骨が出土する場合がある。現在までに知られている縄文時代の墓からの人骨出土数は、優に1万体を超すであろう。これは、後続する弥生時代や古墳時代などと比較しても数の上では圧倒的に多い。人骨は、当時の主人公たちの遺体であるので、そこから得ることのできる情報からは、縄文時代の人々がどのような生活をしていたのかを、直接的に知ることができる。たとえば、被葬者の年齢、性別の他、栄養状態、摂取食料、既往症、死因がわかることもある。また最近では、ゲノム（DNAの全情報）の分析から血縁関係の有無を推定することも可能となっている。

墓から得ることのできる情報と、そこから出土した人骨から得ることのできる情報を組み合わせて検討することによって、被葬者の個人情報を知ることができるばかりではなく、それらの情報から当時の社会がどのようなものであったのか、あるいは当時の精神文化がどのようなものであったのか、詳しく考察を加えることが可能となる。今から見ても、なかなか良い発想だと思う。当時の私にAをあげたい。

さて、大学4年生の秋、卒論テーマの大転換を行った私は、研究室、資料室、図書館にこもりきりになり、縄文時代の子供の埋葬例をかき集めた。こうして事例を集めていくと、さまざまなことが未解決のまま残されていたことがわかってきた。たとえば、子供の遺体の年齢段階だ。当時調べた遺跡の発掘調査報告書では、子供のことを、幼児、小児などさまざまな呼び方をしていた。しかしながら、本来乳児・幼児・小児などの語は、さまざまな医学的特徴を示す、きちんとした成長段階を指し示すものであり、決して子供全体を指し示す言葉ではない。また、大人と子供の境界についても、一部抜歯の研究などで言及されているだけで、明確な年齢を提示したものはほとんどなかった。そこで、埋葬人骨の年齢を新生児期（生後すぐ）・乳児期（2歳頃まで）・幼児（3〜5歳程度）・小児（6〜12歳程度）・思春期（13〜16歳程度）と分類した上で、埋葬例を分析してみると、さまざまな傾向が見えてきた。たとえば、土器棺墓に入るのはほとんどが胎齢40週を超えた新生児である、子供が大人と合葬される場合、乳児までは女性と合葬され、幼児期以降は男性とも合葬されるようになる、多数合葬・複葬例には乳児期以下の子供は入らない、などなど。どうやら乳児期と幼児期の間に大きな社会的差異がありそうだった。日本民俗学や文化人類学の研究成果を見ても、離乳期を境として、子供の社会的立場が変わるという事例が存在する。縄文時代においても、子供は一括して子供ということではなく、年齢段階によって社会的な立場が変化するらしい。子供がそうならば、大人の世界でもそのようなことがあるに違いない。ためしに分析してみると、装身具の保有状況が年齢段階によって異なることに気がついた。装身具・副葬品は、働き盛りの壮年期（20〜40歳頃）・熟年期（40〜60歳頃）に多く、老年期（60歳以上）になると、途端に少なくなるのだ。このことは、当時の人々が老年期になると社会的な中心から外れることがある、すなわち隠居のような制度があるらしいということを暗示していた。また、土製耳飾りなど、子供では着装できない装身具もあるようだ。どうやら縄文時代の社会においては、大人と子供はしっかり区分されているらしい。なにか縄文文化の真相に触れた感じがして、心の底からうれしさがこみあげてきて、身体が熱くなったことを覚えている。この研究は、その後「縄文時代の子供の埋葬」という論文となり、『日本考古学』の第4号に掲載され、私の出世作ともなった。

千網谷戸《ちあみがいど》遺跡出土、土製耳飾り（桐生市教育委員会提供）

そして無事に卒業論文はパスし、私は大学院に進むことを決心した。

大学院にまで進めば、いよいよ考古学研究者として一本立ちできるように経験を積み、論文を書き、発表していかねばならない。自身の人生を決める、大きな決断をしなくてはならない。その当時の状況を、かつて私は茨城県取手市にある中妻貝塚の発掘調査に寄せて書いたことがある（山田康弘2008『生と死の考古学』東洋書店）。思い出しながら書いてみよう。

中妻貝塚の発掘調査

1991年の11月半ば過ぎ、街にはクリスマスソングが鳴り出した頃、私は茨城県取手市にある中妻貝塚の調査に参加していた。木枯らしの吹く寒い日々ではあったが、私の身体は異様な興奮でほてっていたことを、今でも覚えている。

当時大学院生だった私は、日ごろから指導を受けていた当時国立歴史民俗博物館教授であった西本豊弘先生の紹介で、取手市教育委員会が実施している中妻貝塚の発掘調査に加わった。私が学部生時代から縄文時代の墓について研究を行っていたので、それを知っていた先生が声をかけてくださったのだった。その時に西本先生はこう言われた。

「山田君のびっくりするようなものが出ているよ」

「なんですか?」

「行ってみたらわかるよ」

西本先生の眼は、いたずらっぽく笑っていた。

中妻貝塚は、取手市小文間《おもんま》にある福永寺の境内およびその隣接地内に位置する。時代的には縄文時代後期、およそ4千年前を中心とする貝塚である。その存在は古くから研究者には知られており、すでに1914年、なんと大正3年には東京人類学会によって遠足会と称した小規模な発掘調査が行われている。また、1926年から1927年には大山史前学研究所によって調査が行われるなど、これまでにも何回か発掘がされている。

そもそも貝塚とは、機能的に言えば当時のゴミ捨て場である。しかしながら、縄文時代の人々は、貝塚にヒトの遺体を埋葬し、そこでさまざまな動植物を対象とした祭祀《さいし》を行っている。また、まだ使えたであろう土器や石器なども貝塚から出土する。これらのことから、貝塚は単なるゴミ捨て場ではなく、亡くなったヒトや使わなくなったモノを「あの世」に送り込むための祭祀を行った場所（送り場）であったとも考えられている。

関東地方の貝塚から縄文時代の人骨が出土することは珍しくはないので、中妻貝塚から人骨が発見されたとしても不思議ではない。実際に1972年および翌年の調査では、縄文時代の埋葬人骨が各1体ずつ、合計2体の人骨が発見されている。

「今回の調査でも人骨が出土したのだろうか。自分に声がかかるということは、そういうことなのだろう。だとすると屈葬人骨かな。何体分ぐらいあるんだろうか。びっくりするって言うんだから1体じゃないだろう。良い資料になるといいな」。西本先生の話を聞いた私は気楽にそう考えた。

参加初日、調査現場に立った私は自分の眼を疑った。そして「びっくりするよ」という西本先生の言葉が本当であったことを思い知った。調査区の一角に直径2メートルほどの円形の土坑（何が入っていたかなど、その性格を特定しない場合、考古学では地面にあけられたやや大きめの穴のことを土坑という）があいている。状況から見て、縄文時代の人々が掘ったものに違いない。これくらいの大きさの土坑ならば、関東地方の縄文時代の遺跡ではしばしば発見されるものであり、さほど驚くようなものではない。しかし、中妻貝塚の土坑が異様であったのは、その中に１００体にもなろうかという数のおびただしい人骨が入れられていたからであった。驚き、「すごい、すごい」と興奮する私とは対照的に、調査担当者である取手市教育委員会の宮内良隆さんは、冷静にこの土坑のことを「A土壙《どこう》」と名付けた。土壙とは、墓穴のことである。土壙の時期は、周辺から出土した土器の型式により、縄文時代後期前葉の堀之内式期と判明した。

中妻貝塚における多数合葬・複葬例（取手市教育委員会提供）

土壙に埋められていた多くの人骨は、長い年月が経過していたにもかかわらず保存状態が良好で、骨そのものの形をしっかりととどめていた。火山灰の影響を受けてその土壌が酸性に傾いている関東地方の場合、縄文時代の墓から出土する人骨は、骨に含まれるカルシウム分が溶解してしまい、ボロボロに腐食していることが多い。例外は貝塚から出土する人骨で、これは人骨の周辺にあった貝殻がカルシウムの供給源となり、結果的に骨を保護する役割を果たすからである。しかし、その関東地方の貝塚から出土した人骨も、愛知県の渥美《あつみ》半島にある貝塚から出土した人骨と比較すると保存状態は悪い。やはり、貝塚直下に堆積している関東ローム層が、骨の保存状態に大きな影響を与えているのだろう。火

縄文時代年表

草創期	1万6500年前頃…土器が出現する(氷期) 1万5000年前頃…気候が暖かくなりはじめ、土器が広まる 1万1500年前頃…気候が温暖化し、本格的な定住生活がはじまる
早期	7300年前頃…鬼界カルデラが大噴火する
前期	7000年前頃…気候が最温暖化期になり、海面が2〜3メートル上昇。縄文海進の最盛期となる
中期	
後期	4200年前頃…気候が寒くなり、雨が多くなる
晩期	3000年前頃…九州北部で水田稲作が始まる(弥生時代) 2400年前頃…青森まで水田稲作が広まる

山灰の堆積によってできたローム層は、一般の土壌に比べて酸性度が高く、骨に限らず有機質の遺物の保存には適さない。関東地方の旧石器時代の遺跡からは石器ばかりしか出土しないのは、このローム層の性質によるのである。

だが、ローム層中に掘りくぼめられた土壙から出土した人骨は、その形を損なうことなく非常にきれいに残存していた。おそらく多量の人骨そのものがカルシウムの供給源となり、骨を腐食からまもったのであろう。

人骨のなかには、頭の骨（頭蓋）と顎の骨（下顎）がバラバラになってしまっているものがあった。また、よく見ると脚の骨（大腿《だいたい》骨や脛《けい》骨）や腕の骨（上腕骨・尺骨・橈《とう》骨）だけがまとめられて土壙の中に置かれているところもあった。このような状態のことを人類学では「解剖学的位置関係にない」と呼び、一度どこかで骨化した遺体をもう一度埋葬し直す、複葬（再埋葬・再葬・改葬とも）が行われた証拠とされる。土壙から発見された多量の人骨は、複葬されたものであった。

関東地方の縄文時代の遺跡からは、ときとして、このように一つの土壙の中に複数の遺体が再埋葬されている「多数合葬・複葬例」が発見されることがある。実際にこのような墓を調査すると、あたかも人骨が寄せ集められているようにも思われるので、「人骨集積」

と呼ぶ人もいる。ほとんどの事例が、縄文時代後期の初頭から前葉にかけてのものである。通常、このような「多数合葬・複葬例」は多くても10体前後であり、今回の中妻貝塚のように100体にもなろうかという事例はこれまで確認されていない。まさに、縄文時代の事例としては大発見であった。この墓を調査できると思うと、気持ちが自然とたかぶった。

土壙の中は土で埋まっているというよりも、人骨の間に土が入り込んでいるといったほうが良いくらい、骨が密集していた。私たちは、これらの人骨を一つひとつ丁寧に掘り出し、写真を撮り、実測図を描きながら取り上げていった。掘り出すといっても、簡単な作業ではない。実際には、竹串で骨の周りにある土をつついて砕き、その土を絵筆でスプーンの上に乗せ、さらにそのスプーン一杯の土を小さなチリトリに移して土壙の外に出すという作業を、それこそ何万回も繰り返しながら少しずつ掘り進めていくのである。こうして骨の全形を丁寧に掘り出しながら取り上げないと、骨が破損して後々の研究に支障をきたしてしまう。たとえば大腿骨の最大長を測ることによって、その人の身長推定値を算出することができるが、そのためには計測を行う部位（計測点）がきちんと残存していなければならない。もし発掘時に計測点を破壊してしまうと、そのために人骨から得られる情報量は格段に落ちてしまうのである。

調査を進めるうちに奇妙なことがわかった。当初、人骨は頭や腕、脚といった各部位がすべてバラバラになっていると考えられたのだが、なかには肘や膝、あるいは背骨（椎骨）と腰の骨（寛骨）、脚の骨（大腿骨）が、まだくっついているものがあった。これは遺体から柔らかい肉の部分（軟部組織）が腐敗しきらない状態、あるいは骨と骨をつないでいる靭帯《じんたい》がまだ残っている状態で埋葬されたことを意味している。一方では、完全にバラバラとなってしまった人骨があり、他方では、まだ各部位がつながっている人骨がある。これは再埋葬を行った時点において、個々の遺体の腐敗状況が異なっていたということに他ならない。どうやら中妻貝塚A土壙は、伝染病などで一時にたくさん亡くなった人たちを一括して埋葬したのではなく、おのおの死亡時期の異なった人々を1か所に集めて再埋葬したものらしい。一度は埋葬した人々の墓を再び掘り返して、1か所に納めたのだろうか。その理由は一体なんだったのだろう。どうしたらその謎を解けるだろうか。調査を続けながら、私はそんなことを考えていた。

土壙の調査は困難をきわめた。これだけ人骨が穴の中に詰め込まれていれば、土壙の中に入って発掘することはできない。下手に穴の中に降りようとすると、保存状態の良い骨を壊してしまいかねないからだ。4千年以上前の縄文人のものとはいえ、人の骨だ。粗末に扱うわけにはいかない。敬意をはらい、できる限り丁寧に掘り進めなければならない。

そこで土壙の上に長い板を2枚渡し、そこに寝ころんで、板の端に脚を架けて上半身を土壙の中に入れて土を掘るという、いわば逆さ吊りの状態で調査を進めた。土壙の中に3分も身体を突っ込んでいると、血が頭に上り、ボーッとしてくる。そうすると、土壙の中に落ちないように脚の上に乗っていてくれた別の調査員と交代する。これを延々と繰り返す。ときには、その日予定していた作業が思うように進まず、日が暮れた後にも大型のサーチライトで土壙内を照らして作業を続けたこともあった。サーチライトに照らされた人骨群はつやのあるクリーム色に輝き、えもいわれぬ美しさがあり、思わず見とれてしまうことも一度や二度ではなかった。今は白骨となっているこの人々は、4千年前にはたしかにここに生きていた。その目は一体何を見ていたのだろう。一体何を想っていたのだろう。恋人は？　家族は？「いかん、いかん、取り憑かれている」と何度も頭を振ったことを覚えている。ただ、不思議な言い方かもしれないが、縄文時代の研究をしている者が、縄文人と一体化し、時間を共有しているかのような錯覚に陥ることはよくあることなのだ。そして、その時間は研究者にとって無上の喜びの時なのである。

夜間の調査中、トイレに行きたくなると福永寺の境内を通って、寺のトイレを借りた。その行き帰りには「○○家の墓」と書かれたいくつもの現代のお墓の間を通っていくのだが、お墓から誰かが呼んでいそうな感じがして、やたらと怖かったことを覚えている。その墓地の目の前で多量の人骨を掘り出しているのに、である。縄文人の骨より、今のお墓の方が怖い。おかしいような、妙な心持ちであった。

調査期間中、私はA土壙の調査に没頭した。夢の中にも人骨が出てきたほどである。夢の中で、私は土壙の中で人骨の周囲の土を取り除いている。手に持った竹ベラを、私が誤って人骨に突き刺してしまい、人骨が壊れて内部にあるスポンジ状の海綿組織が見える。しまった、と思うと目が覚める。こんな夢を何回も見た。まさにこの時期、寝ても覚めても人骨に取り憑かれていたといっていいだろう。パンやケーキのようなスポンジ状の食べ物の他、当時大好きだったフライドチキンや豚骨ラーメンすら、骨を連想するというので食べることを避けていた。今から思うと、大変おかしな験かつぎだが。

研究者として生きる決心

土壙から出土した人骨は、頭蓋だけで96体分にもおよんだ。縄文時代の一つの墓から見つかった人骨の数としてはおそらく最多だろう。最後の人骨を取り上げたあと、土壙の底を精査した。すると土壙の底面、壁際にそって直径5センチほどの柱のようなものを立てた痕がいくつか見つかった。どうやらこの土壙にはなにか上部構造があったらしい。墓標だろうか、それとも屋根がついた祠《ほこら》のようなものであろうか。いずれにせよ、当時の墓としては、極めて特殊なものであったことには間違いない。

一段落した調査現場で、私は温かい缶コーヒーを飲みながら考えた。誰が一体なんのためにこんな墓をつくったのだろうか。なぜ中妻貝塚につくられたのか。これだけの人骨はどこから運ばれてきたのか。以前より浮かんでは消えていた謎が、頭の中をぐるぐる巡る。なんとかしてこの謎を解きたい、解けないまでも自分が納得できるような解釈をしてみたい。そのためには縄文時代の墓についてさまざまなことを勉強しなくてはならない。また、人骨についても一通りの知識が必要となるだろう。考古学と人類学の2つの分野をそれなりに勉強してから取りかからなくてはならないとすると、まとまった答えを出すまでにはかなり時間がかかるに違いない。5年、いや10年は必要だろうか。自分の人生のかなりの部分をこの仕事に費やすことになる。ならば、いっそのことこれからの人生を、墓を専門とする研究者として生きてみよう。そう考えた。私のライフワークが決まった一瞬だった。

バブルの風

私が大学院に進学した1990年前後は、バブルの風が吹き荒れた時期だ。空前の人手不足で、とにかく就職は学生側の売り手市場だった。就職活動が解禁となる初夏になると、大きな段ボール何箱分もの会社案内が自宅のアパートに送られてくる。秋には同じ大学4年生の友人たちが7つも8つもの大企業の内定を取り付けてくる。会社説明会のお土産として、バランタインの17年ものなど、当時はまだ高価なスコッチ・ウイスキーをもらってくる者もおり、よくご相伴にあずかった。なかには、会社説明会をハワイで行い、旅費はすべて会社持ちという豪儀なところまであった。そのような世相のなか、あえて大学院に進学する者など、当時は正直、バカ呼ばわりされたものだ。親には「まだ、スネをかじるつもりか！」と罵られたほどだ（居酒屋で皿洗いをして学費を稼いだ自分としては、逆にかじったたか？　と訊《き》きたい）。それが、その後の不況でバブル期の就職者がリストラ対象者となったと聞く。まったく、世の中、何が起こるかわからないものだ。

さてその後、発掘調査で取り上げた人骨はいったん国立歴史民俗博物館に運び込まれ、ここで整理された。中妻貝塚の人骨は、当時国立科学博物館にいらした松村博文先生（現札幌医科大学）によって調査研究が行われ、さまざまな興味深い成果が提示された。考古学的な発掘調査の成果および人類学的な研究成果は、１９９５年に『茨城県取手市中妻貝塚発掘調査報告書』という形で公開されているし、日本考古学協会や日本人類学会といった学会でも数度にわたり研究発表が行われている。その検討結果を踏まえつつ、私は中妻貝塚をはじめとする多数合葬・複葬がどのような理由で行われたのか、自分なりの解釈をして、これを当時私の指導教官であった国立歴史民俗博物館教授の春成秀爾《ひでじ》先生のゼミで発表した（筑波大学に在学しつつ、歴博の先生の指導を受けられるという、受託大学院生という制度が、かつて存在した）。春成先生は、つたない私の解釈を好意的に見てくださり、これを学術雑誌に研究論文として発表することができた。それが『考古学研究』の第42巻第2号に掲載された「多数合葬例の意義」である。また就職した後、これまでにも縄文時代の墓制ひいては精神文化・社会構造についていくつかの研究を行い、論文を発表することもできた。まさに中妻貝塚での一冬の経験が、私の研究者人生を決めたといっても過言ではない。

またまた運命的な出会い

中妻貝塚の経験は、私に人類学的な勉強が必要であることを痛感させた。また、よくよく考えてみるとこれまでの考古学における縄文社会についての研究成果は、蓋然性の高い仮説ではあるけれど、人類学的に検証され、証明されたものはないに等しかった。わずかに、九州大学の田中良之先生の歯冠計測による研究がある程度であった。考古学の仮説を、人類学的な方法で検証できないか。この両方の学問を統合して、新しい研究分野をつくることはできないか。そう考えだしたのは大学院後期博士課程に進んだ頃であった。

そんな冬のある日、春成先生から「人類学会の忘年会があるんだけど、山田君行かんね」

と言われ、なんだか面白そうだったので、先生にお供した。この時にデートの約束があったのだが、それをキックしたのは内緒だ。

会場はお茶の水女子大学の学食で、中学生時代をここの付属で過ごした私にとっては、懐かしい、なじみの場所であった。そこで紹介したい学生がいると春成先生に言われ、対面したのが太田博樹さん（現東京大学大学院理学系研究科教授）であった。太田さんは当時東京大学の大学院生で、古代DNAの研究をされているとのことだった。私たちはすぐに意気投合し、「DNAによって、埋葬人骨の関係性がわかれば、考古学的な仮説を証明できる」、「抜歯型式や頭位方向が、本当に出自を表すのか検証できる」、「そうしたらあれもわかる、これもいける」と盛り上がった。その時点では、古代DNAの研究はまだまだ未開拓であったので、将来の展望ということではあったが、いずれ共同研究をして、分子人類学と考古学のハイブリッドな研究をともに推進しようと誓い合った。

しかしながら、その後私は熊本大学へ助手としての赴任が決まり、その後山口県下関市にある土井ヶ浜遺跡・人類学ミュージアムに学芸員として異動したため、考古学と人類学によるハイブリッドな研究を本格的に開始するまでに、この間5年の歳月が流れてしまった。

考古学とゲノム人類学の融合へ

1999年に島根大学に赴任し、自分自身の研究室を持った私は、早速太田さんと連絡をとり、古代DNA研究がどのような段階にきているのか、話していただいた。太田さんによると、核DNAの抽出は、まだかなり難しいが、ミトコンドリアDNAだったら、かなりの割合で抽出することができるとのことだった。

動物の細胞の中にはミトコンドリアという細胞内小器官が存在する。このミトコンドリアは、細胞の核とは別に独自のDNAを持っている。そして、これは母親から子供へと母系遺伝することも知られていた。これをうまく利用すれば、墓地に埋葬された人骨群から、母と子の関係にある人骨がわかるのではないか。だとすれば、成人女性と子供の合葬例を調べれば、これが母子であったことを証明できるかもしれない。こうして、ようやく墓から社会を調べようとする考古学とDNAの分析を行うゲノム人類学が接点を持ち、学際的研究がスタートしたのであった。ゲノムとは遺伝子に限らずすべてのDNA情報を一括して指し示す言葉である。考古学と人類学を合わせて研究を進める学問領域のことを、欧米ではオステオ・アーケオロジー（osteoarchaeology、骨考古学）、あるいはバイオ・アーケオロジー（bioarchaeology、生物考古学）と呼び、それなりの歴史がある。ただ、日本では考古学は歴史学の一分野として位置付けられ、大学では文学部に考古学研究室が設置されることが多く、考古学と理化学的な分析の間にまだまだ距離が感じられるが、欧米では考古学と人類学・動物学・植物学・遺伝学などの研究者が同じ研究室内にいることも稀《まれ》ではない。

島根大学に奉職し、研究者として安定した職を得た私は、ようやくバイオ・アーケオロジーの研究に乗り出すことができた。その際に、新たな研究資料を入手するために目をつけたのが、愛知県田原市に所在する保美貝塚であった。本格的な調査に入るまでに何回も現地を訪れ、田原市教育委員会の埋蔵文化財担当者である増山禎之《ただゆき》さんと話し合いを重ね、長い時間をかけて入念に準備を行った。その調査時の様子はかつて『老人と子供の考古学』（吉川弘文館）に書いたことがある（山田２０１４）。当時を思い出しながら、以下に綴ってみよう。

保美貝塚の調査

遺跡の発掘調査をしていて、昔の住居の跡などの遺構を発見することを、考古学研究者は「当たった」という。また、発掘している遺跡から研究上重要な資料が発見された場合や、研究者の見込み通りの遺構が検出されたり、遺物が出土した時にも、「遺跡に当たった」という言い方をする。当然、その逆は「はずれた」になるわけで、発掘調査自体がアタリ・ハズレのある、いわば博打にたとえられてきたということになる。

考古学研究者にとって、自分が選定した遺跡の調査で「はずす」ということは、自身の見込みが間違っていたことを公表するに等しい。したがって、できれば「当たってほしい」と思うものである。私自身も、もし自分が調査するならば、やはり「当たりたい」と思っている。このように書くと、「はずれの遺跡などはない」、「遺跡や遺物の価値に上下はない」といった批判の声が聞こえそうだ。それはある意味たしかにそうなのだが、自身で発掘調査をしたら少しぐらいは遺構や遺物に当たり、そしてそれが新しい知見につながって欲しいというのは、多くの考古学研究者の本音であろう。

私自身もかなりの数の遺跡の調査を行ってきたが、実は自身の企画する発掘調査で「当たり」が出たことはほとんどなく、私は自他ともに認める「はずれ屋」であった。しかし、そんな私もようやく「当たり」を引くことができた。それが、この保美貝塚における発掘調査であった。

保美貝塚は、田原市保美町平城に所在する縄文時代の遺跡であり、私が予算獲得から、現地の受け入れ体制、その他を一から手がけた、思い入れのある遺跡である。風光明媚《び》な渥美半島の先端部にある伊良湖岬に近く、三河湾の開口部付近に位置する。この遺跡は古くから多数の人骨が出土する縄文時代晩期の貝塚遺跡として著名であり、大正年間から発掘調査が行われ、現在までにわかっただけでも20回を超える。付近には、300体を超える人骨が出土した吉胡貝塚や、これまた200体あまりもの人骨が出土した伊川津貝塚があり、先の保美貝塚とともに「渥美の三大貝塚」と呼ばれ、これを知らないと縄文研究者としては「モグリ」とまで言われる。これらの人骨群は、京都帝国大学教授であった清野謙次をはじめとする人類学研究者たちによって、さまざまな角度から形質の記載および研究が行われており、縄文時代の人々を研究する上では欠かすことのできない資料となっている。

しかしながら、これら多くの人骨が発掘されたのは、1920年代を中心とした今から100年近くも前のことであり、調査・記録方法ともに現在の水準から見ると決してレベルの高いものではなく、むしろ研究を進めていく上で必要な情報が記録されていないなど、問題点も多かった。その後に行われた調査についても、埋葬地点や埋葬姿勢などの記録もないものがあり、現在の研究レベルにおいて考古学的検討を行うことが難しい資料も存在する。また、考古学ばかりではなく人類学的な情報、たとえばDNAなどの検討についても、出土後に誰が触ったのかわからないような古人骨からのサンプリングでは、他者のDNAのコンタミネーション（混入）の可能性が高くなり、その資料をそのまま使用することは、2000年代当時、なかなか難しかった。そのため、新しい資料の獲得が模索されることになったのだが、それには新規に人骨が出土する可能性の高い遺跡を調査するという「大事業」を行わなければならず、なかなか実現はしなかった。

ここで「大事業」と書いたが、遺跡を調査するには、資金の調達の他、関係諸機関との調整、発掘作業参加者の確保、宿泊所の選定から、簡易トイレの設置、食事の手配、現地で使用する消耗品の購入、謝金の支払い手続き、地権者の方をはじめとする現地関係者への挨拶回り、見学者への対応など、実に多くの算段をしなくてはならないし、調査後の資料整理まで含めるとかなりの経済的・精神的・肉体的コストがかかる。とても軽い気持ちで言い出せるものではなく、ましてや一研究者が気軽にホイホイとできるものではない。そして、なによりも遺跡を「はずしたら」大変だ。したがって、それなりのリスクを背負う覚悟が必要なのである。さらに、日本の考古学界では予算獲得のために大風呂敷を広げて調査のアレンジをするフィクサーよりも、土器や石器をコツコツと研究する職人肌のアルチザンな研究者の方を評価する傾向がある。これでは新規の研究に対し、なかなか腰を上げにくい。近年、科研費などの外部資金獲得額・回数を評価するシステムがようやく大学の中にできてきたが、新規の研究を進めるためにも必要なことだと思う。

新たな情報を求めて

先に述べたように、私は学生時代より縄文時代の墓の研究を行っており、吉胡貝塚や伊川津貝塚、保美貝塚から出土した東海地方の埋葬例を、しばしば論文執筆資料として用いてきた。しかしながら、私自身の研究でいつも突き当たる壁は、個々の人骨の具体的な考古学的な情報がほとんど存在しないということであった。正直、これはつらい。幸いにも、大学に勤務して研究者として独り立ちできてからおよそ10年が経過し、学内での立ち位置もわかり、時間的なやりくりが可能となったし、それなりの研究成果を積むこともできた。人類学研究者の方々にも腹を割って相談を持ちかけることのできる人が増えた。機は熟した。そこで2009年に、新規の資料を求めて発掘調査を行うことを決断したのである。

まず、はじめに当時東京大学教授であった設楽博己《したらひろみ》先生（日本考古学）と、京都大学名誉教授の茂原信生《のぶお》先生（形質人類学）にご相談し、私の考えを聞いていただいた。さらには、新規の研究に参加していただく研究者の方々をご紹介いただくとともに、こちらからこれはという方に声かけをさせていただき、調査チームを結成した。もちろん、このチームの中には太田博樹さんにも入っていただいた。そして、沖縄で行われた研究会で意気投合し、同じくハイブリッドな研究領域の立ち上げの同志となっていただいた米田穣《みのる》さん（現東京大学総合研究博物館教授）にも加わっていただき、米田さんのご専門である人骨の年代測定と人骨に含まれる炭素と窒素の同位体のあり方から当時の人々が何を食べていたのかを調べる食性分析を担当していただくことにした。また、形質人類学についてよき相談相手となっていただいていた近藤修さん（現東京大学大学院理学系研究科准教授）や水嶋崇一《そういち》郎《ろう》さん（現聖マリアンナ医科大学准教授）にも加わっていただいた。さらに、人骨の骨盤に観察できる「妊娠痕」から、当時の人口構造を研究していらっしゃる五十嵐由里子さん（現日本大学松戸歯学部准教授）、縄文時代の人がどのような病気にかかっていたのか研究する古病理学の谷畑美帆さん（現明治大学文学部兼任講師）にもチームに加わっていただいた。こうして「考古学と人類学のコラボレーションによる縄文社会の総合的研究」というテーマで科学研究費補助金を申請し、学際的な共同研究を開始することになったのである。

同じ田原市内にある吉胡貝塚が、戦後早くから国指定史跡となり、また一部ではあるが伊川津貝塚が県指定史跡となっていた一方で、保美貝塚は古くから著名な遺跡であったにもかかわらず、史跡指定を受けていなかった。史跡指定されていないということは、発掘調査が可能であるということになる。実際に現地に立ってみると、遺跡の現状は大部分が畑であり、畑の表面には貝殻や土器が落ちているなど、遺跡自体の保存状態もよいように思われた。私は、まだ新規の資料が入手可能だと思い、保美貝塚の発掘調査を決心した。地元の田原市教育委員会に、文化財担当者として増山禎之さんがいてくださったことも大きかった。増山さんも保美貝塚の現状について心を痛めており、私たちの調査が将来の遺跡保護へむけての一つのきっかけになればとお考えくださったようだ。また、地権者の方からも快いお返事をいただき、田原市教育委員会をはじめ田原市役所の方々、福江市民館の方々、その他地元の方々の多大なご協力もあり、2010年の9月に試掘調査を行った。

増山さんのご教示もあり、試掘調査では現在B貝塚と呼ばれている場所に3か所の試掘トレンチを入れる予定であった。試掘トレンチ一つの大きさは2メートル四方であり、あくまでも貝層が存在するか、地層に攪乱《かくらん》はないかといった、遺跡の残り具合を確認することが目的であった。試掘であったので、共同研究者である茂原信生先生、設楽博己先生ほか数名の学生とともに「少数精鋭」の調査を行ったのだが、最初に調査を始めた試掘トレンチから、驚くべきものが出土した。

いきなり出た稀有《けう》な埋葬例

私たちが調査した地点では、保美貝塚の地層はおよそ4つに分けることができた。まず、上から表面の土（表土）があり、これは現在の耕作が行われている地層であった。これを1層とした。その下に破砕された貝殻を含む黒茶褐色の地層があり、これを2層とした。

この混貝土層からも縄文時代の土器や石器などの遺物が出てくるので、当初は貝層の一部かと思われたが、陶磁器など近現代の遺物も出土するので、過去における耕作土層であると判断した。ちなみに、混貝土層とは貝塚本体の周辺に多い土層で、貝殻の混じった土という意味である。また、貝層中に土が混じっている場合は混土貝層となり、だいたい貝殻と土の比率で、どちらかに名称が決まる。

2層の下に貝殻をあまり含まない締まりのよい黒褐色の土層があり、この土層の上部から土器や石器が出土した。おそらくは本来の遺物包含層であろう。これを3層とした。この3層の上部が耕作などで一部削られて、2層になったものと思われる。3層の下には、小粒な礫《れき》を含む黄色く粘性の高い土層があり、これが4層で遺跡の基盤層になる。1941年に行われた長谷部言人《はせべことんど》・酒詰仲男らを中心とする発掘調査の記録では、この4層中に黒い落ち込みがあり、その中から人骨が出土するとされていた。一般に黒色土層中において、遺構の確認は難しい。したがって、この黄色い4層の上面が最終的な遺構確認面になると思われた。

私はできるだけ早くこのような土層の状態を知りたかったので、試掘トレンチ内にさらに10センチ幅でサブトレンチを設定し、掘り下げようとした。スコップと移植ゴテを使っ

保美貝塚の盤状集骨葬（保美貝塚調査団提供）

て、少し深く土を剥がしたところ、その場所からヒトの大腿骨（太ももの骨）が見つかった。すぐに現場では驚きの声があがったが、たいていは散乱した人骨の一部であることが多いので、この時点では、私はさほど期待はしていなかった。

だが、この大腿骨の輪郭を丁寧に掘っていくと、大腿骨はほぼ完全に近い形で埋まっていたことがわかった。それとともに、大腿骨に重なる形ですぐにヒトの脛骨（すねの骨）が出てきた。どうやら散乱骨ではなく、埋葬人骨に当たったらしい。私は少しホッとした。「これでハズレはないよな」、と。ただ問題なのは、この脛骨と大腿骨両者の位置関係であった。通常の埋葬人骨であれば、解剖学的に見てこの2つの骨が至近距離から出土してもなんの不思議もない。しかしながら、今回の事例は膝の関節が本来動く方向とは逆に、ほぼ直角に近い形に曲がって2つの骨が出土したのであった。このことは、人骨が解剖学的に自然な位置関係で埋まっていない、したがって埋葬後になんらかの撹乱を受けているか、あるいは埋葬時に無理矢理膝を逆方向へ折り曲げて埋葬したか、そうでなければ埋葬時にすでに遺体は骨化しており、それを意図的に並べたかのどれかであることを意味している。

縄文時代の墓が、後世の撹乱、たとえば耕作、建物の建設、新しい墓をつくったなどの原因で、一部あるいは全部が壊されてしまうということはよくある話である。しかしながら、人骨周辺の土は締まりがよく、しっかりとしていたので、後世の耕作やゴミ穴の掘削などによる撹乱は考えにくかった。また、遺体を埋葬する時に膝を無理矢理逆方向へ折り曲げてしまうという事例は、これまであまり見つかっておらず、今回もそのような確率は低いと思われた。残った可能性は複葬例であるということだ。複葬とは埋葬された機会が複数回あったという意味で、それに対し埋葬行為が一回のみで終了したものは単葬と呼ばれている。単葬か、複葬か。判断のポイントは、遺骨の各部位が解剖学的に自然な位置関係で出土するかどうかという点にかかっている。

ヒトには全部でだいたい206個の骨があり、その場所は厳密に決まっている。今、だいたいと書いたのは、ごく稀に腰の骨が一個多いなどといった人がいるからだ。したがって、単葬例の場合、当然ながらその人骨は骨格相互の解剖学的な位置関係を保った形で出土する。この時点で、私の頭の中には「もしかして、まさか」という思いがよぎった。さらに脛骨の輪郭をたどりながら土を除去していくと、脛骨の下から、これと組重なる形で直角の方向に置かれた、もう一本別の大腿骨が出てきた。これで、ヒトの脚の骨が少なくともカタカナの「コ」の字形に組み合わされて並べられていることがわかった。私たちは興奮した。「間違いない、これは盤状集積だ。とんでもないものが出やがった」と、正直思った。

28年ぶりの盤状集骨葬

「人骨の盤状集積」とは、京都帝国大学医学部教授であった清野謙次が命名した、埋葬方法というか、縄文時代の奇妙な風習である。清野は、愛知県吉胡貝塚をはじめとして日本全国でおよそ千体を超える人骨を発掘したが、その中にはこのような奇妙な事例も含まれていた。これは、手の骨（上腕骨・尺骨・橈骨）や脚の骨（大腿骨・脛骨・腓《ひ》骨）といった四肢骨を四角い形（カタカナの「ロ」の字）に配列し、その四角の中に寛骨や肋骨、下顎を置き、角の四隅に頭蓋破片を置くといった、非常に珍しい複葬の方法である。清野は「人骨の盤状集積」という言い方をしているが、その後の検討から私たちは同じものを「盤状集骨（葬）」と呼んで、縄文時代の埋葬方法（葬法）の一つとして捉えている。また、そもそも複葬は、遺体をどこかで骨化させたあと、再度埋葬を執り行うというように、時間も手間ひまもかかる非常にコストの高い葬法である。したがって、その被葬者も普通の人物ではなく、やはり社会的に特別な人物であったと考えるべきだろう。その意味で、盤状集骨葬例を検討することは、当時の社会のあり方を考える上で大変重要なことなのである。

もし、盤状集骨葬例であったとしたら、1983年に、同じく田原市内にある伊川津貝塚で見つかって以来、およそ28年ぶりの出土ということになる。とても1週間程度の試掘調査で調査できるものではない。私たちはこの盤状集骨葬例を、十分に保護処置をした上で一旦埋め戻すことにして、その年度の冬に本格的な調査を行うことにした。この段階で、他の2ヵ所の試掘トレンチについては、私の頭の中から飛んでしまっており、設定はしたものの、掘り下げなかった。

翌年の2月に本調査を行ったところ、この盤状集骨葬の下におよそ10体分の人骨が複雑に積み重ねられていることがわかった。多数合葬・複葬例である。最初に見つかった盤状集骨葬は、多数合葬・複葬例の一部であったということになってくる。さらに、この多数合葬・複葬例の最上部に置かれた盤状集骨葬は、「ロ」の字が2つ合わさった「日」の字形に人骨が配置されたものであることもわかった。過去の確実な記録による限り、このような事例は100年ほど前に吉胡貝塚で出土したものくらいしか確認されていない。また、この盤状集骨葬の横には焼けた人骨がまとめられており、その上に大型の土器破片が被せられていた。そして、多数合葬・複葬例の最下層部からは、再び2連の盤状集骨葬が出土した。つまり、墓穴として掘った土壙の底に二連の盤状集骨葬例が置かれ、その上に多数の人骨が載せられ、さらにその上に再び二連の盤状集骨葬例と焼骨と大型土器破片が載せられるという多重構造となっていたのである。このような事例は縄文墓制の研究史上初めてであった。結局、この人骨集積を完掘するには、都合6回の発掘調査が必要となった。

新たな土坑墓の検出

また、先の盤状集骨葬例の北側からは、今度は単独で埋葬（単葬）された人骨が確認された。それは頭を東に向け、かなり強く膝を曲げた仰臥《ぎょうが》屈葬の姿勢で埋葬されていた。頭の形と骨盤の形状は、この人骨が男性であることを示していた。狭い土壙の中で壁に背中をもたれかけた彼の頭部は、首の部分から外れて、腹部に落下していた。また、下顎は上顎とは別の場所に落ちていた。このことは、遺体が腐敗した段階でも腹部に空間が存在したことを示している。このような事例は木製の早桶などを使用する近世の埋葬例に多いのだが、縄文時代の事例では木の棺桶などは考えにくいので、おそらく植物繊維などで編まれた袋や毛皮の袋などに入れられて埋葬されたのであろう。袋状のものに入れられて屈葬されれば、ちょうど腹部付近に空間ができる。埋葬された時期が夏場だとしたら遺体の腐敗は急激に進行するから、まずは下顎が落下し、続いて頭部が落ちたと考えてよいだろう。縄文時代の土坑墓全体から見れば、このような事例は極めて稀なものである。

この単独埋葬例の上下顎の歯の観察をしたところ、本例が上下左右の犬歯を除去してい

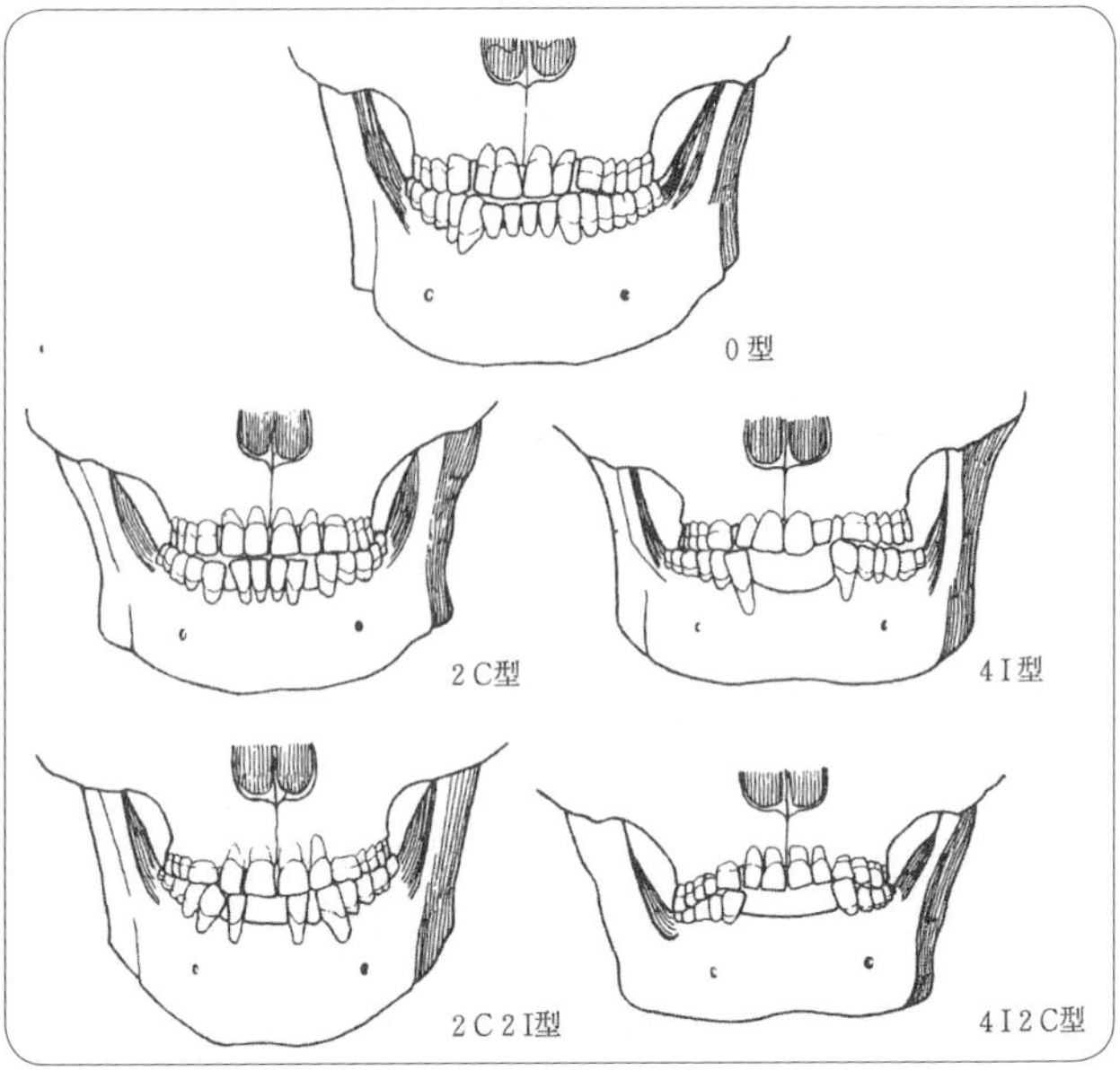

抜歯型式の模式図（春成秀爾2002『縄文社会論究』塙書房より）

ることがわかった。これは、春成秀爾先生が提示した抜歯型式の分類でいうところの2C型に相当する（春成1973）。先の多数合葬・複葬例の中から見つかった複数の下顎骨にも左右犬歯の抜歯が確認でき、同じく2C型であった。どうやら私たちは、2C型抜歯をした人々が選択的に埋葬された場所に当たったらしい。

縄文時代における特殊な風習である抜歯は、東海地方を含む西日本では、上顎左右の犬歯を除去するものの他に、下顎の左右犬歯を除去するもの（2C型）と下顎の

4本の切歯を除去するもの（4I型）に分類される。そして、さまざまな検討結果から4I型が在地集団の人々で、社会的に優位な人々であり、2C型の人々が結婚によって婚入してきた人々で、劣位な人々と推定されていた。決して適切なたとえではないが、嫁ぎ先とお嫁さんとの関係みたいなものである。

注目されたのは、ちょうど骨盤の右側、前腕の橈骨と尺骨に接する形で鹿角製の腰飾が着装されていたことであった。春成秀爾先生の研究によれば、このような腰飾は基本的に4I型抜歯の人々が多く佩用《はいよう》しているとされていた。保美貝塚から見つかった事例は2C型であり、その点に齟齬《そご》をきたしていた。また、一方でY字のような形をした腰飾は、近接する吉胡貝塚からはしばしば見つかっているが、保美貝塚からは初めての出土であった。そして人骨の上半身には、薄いながらも赤色顔料を散布した痕跡が認められた。抜歯型式や腰飾の佩用などとも合わせて考えると、どうやら被葬者は特別な人物だったらしい。一体何者だったのか、興味は尽きない。

バイオ・アーケオロジー的な分析開始

こうして興奮冷めやらぬうちに保美貝塚の発掘調査は終了したわけだが、大変なのはこれからであった。とりあえず当時私が勤務していた国立歴史民俗博物館に人骨と遺物を運び込み、人骨と遺物の整理を開始した。考古遺物は設楽先生をはじめとする方々。人骨については、こちらである程度クリーニングした後に近藤さん、水嶋さんにお任せした。それとともに、太田さんにも来ていただき、人骨からＤＮＡ分析用のサンプルを採っていただいた。もちろん米田さんにも、年代測定および炭素・窒素同位体分析用サンプリングをしていただいた。さらに、大学院生の頃からストロンチウム同位体の分析でめざましい業績をあげていた日下《くさか》宗一郎さん（現東海大学人文学部准教授）にもサンプリングをしていただき、その分析を依頼した。

その後、これらの人骨に関する分析結果は長い年月を経て、２０２２年に人類学の国際学術雑誌である Anthropological Science の１３０巻第1号に掲載された。その内容を紹介すると、次のようになる。

（1）保美貝塚から検出された多数合葬・複葬例に含まれる人骨は、単独で埋葬された人骨と比較して非常に太くてごついものであり、何らかの形で選択された人々であった可能性がある。

（2）多数合葬・複葬例の人骨の歯について検討したところ、現代日本人における双子並みの類似性をもつ個体が含まれていることが判明した。このことから多数合葬・複葬例中には近親者同士が埋葬されている可能性が高い。

（3）保美貝塚から出土した多数合葬・複葬例に含まれる人骨のストロンチウム同位体を分析したところ、単独・単葬例よりも高いストロンチウム同位体比を示した。このことは、多数合葬・複葬例中には、保美貝塚ないしはその周辺において育った人々以外に、他の地域からやってきた人々が含まれていることを示している。

（4）保美貝塚のとなりに位置する伊川津貝塚から出土した大人の女性と子供の合葬例のミトコンドリアＤＮＡ（ｍｔＤＮＡ）を分析したところ、両者が親子関係にはないことが明らかとなった。ミトコンドリアは細胞の中に存在する器官であり、核とは別のＤＮＡ（ｍｔＤＮＡ）を持ち、母系遺伝することがわかっている。つまり、すべての人は自身の母親と同じｍｔＤＮＡを持つことになる。しかし、本例ではそれが一致しなかった。このことは、従来母子合葬例と捉えられることの多かった成人女性と子供の合葬例に対する解釈を再考する必要があるということである。

これらの研究成果は、いずれも当時の埋葬制度や社会構造を考える上で重要な示唆を与えてくれるものであり、今後さらなる検討を加えていくことによって、研究は大いに進展するだろう。また、保美貝塚出土の多数合葬・複葬人骨の歯からは良好なDNAを抽出することはできず、この点については次回以降の調査（別の部位からのDNA抽出）に持ち越されることになった。本来遺跡の発掘調査結果はできるだけ早く刊行すべきものだが、人類学の場合は、研究成果をまず論文として発表してからでないと、自身の業績として認められない。したがって、遺跡の発掘調査報告書もこれらの分析が終了してからでないと刊行できないというジレンマがあるのだが、これは最初から百も承知の上だ。現在、保美貝塚の発掘調査報告書は制作が続けられている。あの稀有な多数合葬・複葬例についての詳細な検討結果が出るまで、今しばらくお待ちいただきたい。

新たな大型研究の開始

保美貝塚の研究が進行する一方で、2017年には新たな大型研究へのお誘いが舞い込んできた。それは静岡県三島市にある国立遺伝学研究所教授でいらっしゃる斎藤成也先生を中心とする大型科研費新学術研究（複合領域）「ゲノム配列を核としたヤポネシア人の起源と成立の解明」（2018〜2022）であった。これは、ゲノム人類学や考古学、言語学、年代学などの、日本人の形成過程を研究するのに必要な多くの学術分野をまとめた、壮大なスケールをもった研究であり、現時点でも多くの国際的研究成果をあげている。

この中で、私は考古学班に配属され、主に人骨から見た縄文時代の社会構造の研究を行うことになった。ただ、私自身で行っている科研費の研究とバッティングする部分もあるので、フィールドを東北地方に向けて、以前より目をつけていた岩手県蝦島《えび》（貝鳥）貝塚出土人骨を中心として研究を進めることにした。

蝦島貝塚は岩手県一関市花泉町油島地区に所在する。以前より畑から貝殻や骨角器が出土することが知られており、1956年に本格的な発掘調査が行われて以降、4回にわたり調査が行われ、合計で60体以上の人骨が出土している。これらの人骨の埋葬位置は、大きくいびつな楕《だ》円形にまとまっており、一つの墓域を形成するものと思われた。

この遺跡の特徴は、貝塚遺跡ではあるものの内陸部に所在し、貝塚を形成する主要な貝類は淡水産のオオタニシ・イシガイ・マツカサガイ・カラスガイであることである。つまり、蝦島貝塚に埋葬された人々は海産物をほとんど口にしていなかった可能性が高いということになる。これは人骨そのものから年代測定を行う際には極めて都合のよい点であった。

通常、海産物を多く摂取していた人骨の年代測定を行う際には、海洋リザーバー効果を考慮する必要がある。年代測定に用いられる炭素14（^{14}C）という同位体は、太陽が発する宇宙線が地球の大気にあたる際に生成されるものであるが、水に溶けやすいという性質を持つ。このため、海水中には古い時代につくられた^{14}Cが大量に溶け込んでおり、その^{14}Cをプランクトンが取り込み、そのプランクトンを魚が食べ、その魚をヒトが食べるという食物連鎖の結果、人骨中には多くの古い時代の^{14}Cが蓄積されることになる。したがって、そのまま人骨を年代測定すると、本来の年代よりも古い値が出てくることになる。これを海洋リザーバー効果と呼び、年代測定を行う際にはこの分を修正する必要がある。この修正が、実はかなりやっかいなのだ。ところが蝦島貝塚は淡水産貝による貝塚ということで、海洋リザーバー効果をほとんど考慮する必要がないということになる。

さっそく、よいサンプルを得ることのできた人骨42体の年代測定を行ったところ、その値は3200年前から2800年前くらいのところにかけて、連続的にきれいに並んだ。このことは、蝦島貝塚の墓域は、縄文時代晩期の時期に埋葬が連続的に行われた場所であったことを意味する。すなわち、一塊をなす人骨群が偶然そのようにまとまって見えるのではなく、選択された場所に集中的に埋葬された、当時の人々の墓域であったという証拠とみなすことができる。人骨の年代測定を行い、その場所が確実に墓域であった、ということを検証できた事例は多くない。その意味で、蝦島貝塚の事例は、考古学的な分析結果が年代測定によって検証された稀有な事例ということができる。

そのように大変条件のよい資料であることがわかった蝦島貝塚出土人骨のうち、人骨相互の位置が近接するものの中から、私はこれまでの墓制研究の中で人骨間の遺伝的な関係を推定するのに利用されてきた前頭縫合（頭蓋の額の部分に縫合線を持つもので、これまでのDNAの分析結果より遺伝的な形質とされてきた）を持つ43号と45号、51号の3体をピックアップし、これらのミトコンドリアDNAと核DNAの分析を、ヤポネシア科研における共同研究者である国立科学博物館の篠田謙一さんと神澤秀明さんに依頼した。また、上顎右犬歯を抜歯されている51号人骨と同じ抜歯型式を共有する52号、さらに同一の土壙に埋葬されていた57号と58号の合葬例についても、ミトコンドリアＤＮＡおよび核ＤＮＡの解析をお願いした。

その結果、ミトコンドリアＤＮＡに関しては、これらの6体について一致するものはない、すなわち6体の間に母系的な遺伝関係はないことが証明された。これまで考古学では、墓制の検討から、近接して埋葬されていたり、遺体の頭の向きが同じであったり、同じ抜歯型式であったり、同じ墓穴に合葬されていたりしたものは、何らかの形で遺伝的関係性を有していると考えられてきたので、これは少々意外な結果であった。より詳しいことは核ＤＮＡの分析結果待ちであるが、こちらに関しても現在解析が進んでおり、近日中にその結果が判明するだろう。このように、考古学的な検討によって立てられた仮説を、人類学的な手法によって検証するという

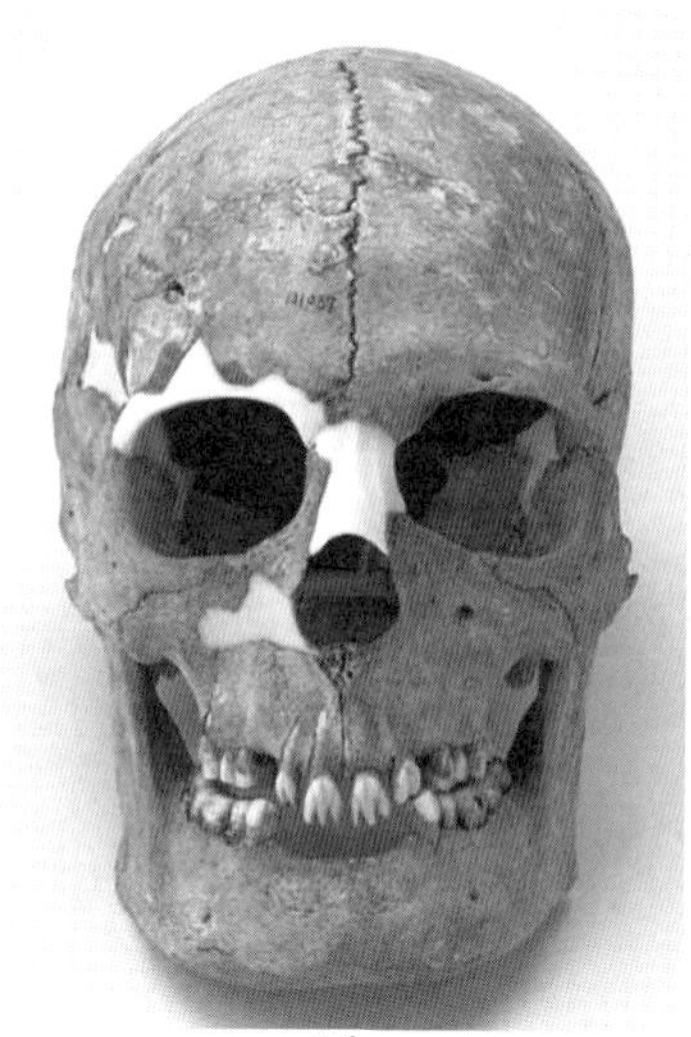

前頭縫合の例 大阪府国府《こう》遺跡出土人骨（東京大学総合研究博物館提供）

段階にまで、研究は進んできている。ようやく、本当にようやく、ここまで来た。このまま、あと10年もすれば縄文時代の社会構造の研究は、ゲノム分析とも相まって大きく変わるに違いない。その時に、従来の考古学的仮説は検討に耐えられるであろうか。もし無理だとしても、今度はゲノム分析結果などの理化学的分析結果をとりいれた形でさらに研究を進め、より蓋然性の高い社会モデルを提出することができる。そう考えると、ワクワクして夜も眠れない。50代半ばを過ぎて学問的興奮を味わうことができるのも、またうれしいことである。

自身の研究活動を振り返って

今こうして文章を綴りながら自分の人生を振り返ってみると、私が幸運にも考古学者として身を立てることができ、バイオ・アーケオロジーの研究を進めてこられたのも、さまざまな人との出会いがあったからだ、ということがよくわかる。

大学院生の頃に頭をひねって考えだした仮説を、さまざまな人類学的分析方法によって検証できるようになるまでに、すでに30年以上が過ぎてしまった。本当に長かった。研究者人生を通じて、一つの正しい結果を導くためには多くの努力と年月が必要なことも、よくわかった。少年老いやすく、学なりがたしとは、よく言ったものだ。すでに定年が見え始め、そろそろ本格的にバイオ・アーケオロジーの研究者育成にかからなければいけない年齢になってきた。本書を通じて多くの皆さんにバイオ・アーケオロジーに興味を持っていただければ、これはまたとない喜びである。

【追記】

脱稿後、筆者が構想しているバイオ・アーケオロジーは、大型の科学研究費である学術変革A「日本列島域における先史人類史の統合生物考古学的研究——令和の考古学改新——」として採択され、令和5年度より考古学者、人類学者をはじめとする総勢48名の研究者の方々と共にさらなる研究を推進することが可能となった。採択された本研究の内容は多岐にわたるが、各々の研究を推進するだけではなく、若手研究者の育成をも主眼とした画期的なものである。これを一つのきっかけとして、日本に本格的なバイオ・アーケオロジーが定着し、世界の研究をリードする日が来ることを願ってやまない。

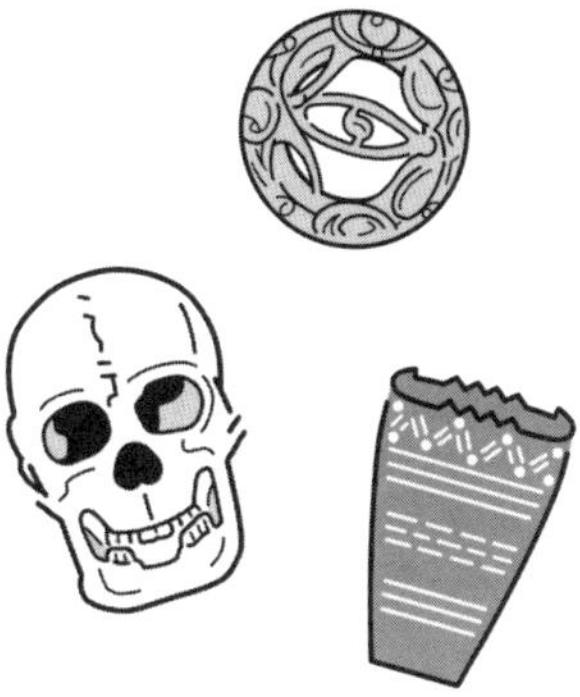

Column

縄文人の血縁関係を古人骨のゲノム解析で調べる

太田博樹
東京大学大学院 理学系研究科
生物科学専攻 教授

マンホールから見つかった縄文女性

愛知県の渥美《あつみ》半島には、いくつかの有名な貝塚が点在している。これらの貝塚からは、縄文土器など考古遺物とともに、多くの人骨も見つかっている。考古学者・山田康弘さんの保美貝塚遺跡（愛知県田原市）の発掘プロジェクトのメンバーだった私は、当時私の研究室のポスドク研究員だった覺張《がくはり》隆史さん（現・金沢大学古代文明・文化資源学研究所助教）とともに、保美貝塚から出土した人骨のDNA分析を進めていた。しかし、まったくと言ってよいほど保美の人骨にはDNAが残っていなかった。そんな中、山田さんは保美貝塚の近くにある別の縄文遺跡、伊川津貝塚から出土した2体の、比較的状態の良い骨を私たちにあずけてくれた。

プロジェクトの目的から少し外れているものの、伊川津貝塚は有名な遺跡で、明治期からたびたび発掘調査が行われてきた。2010年、現在は神社となっている遺跡の一画、その前を通るアスファルトで舗装された道路のマンホール周辺から合計6体のヒトの骨が見つかった。田原市教育委員会の増山禎之《ただゆき》さんが発掘したこれら人骨のうち1体の女性人骨は他と様子が違っていた。なぜか縄文土器が頭部に接するように埋まっていて、首から頭にかけて、赤い顔料のようなものが撒《ま》かれていた。そして、彼女の胸から腹部にかけて子供の骨が、誰かの意志かどうかは分からないものの、載せられていた。私たちは、この2体の人骨からDNA抽出を試みた。そして、子供の骨から得られたDNAは極わずかで、ゲノム解読はほとんど不可能だった。一方、成人女性の骨からは、ゲノム解読に足るDNAが採取できた。

とはいえ微量なDNAで、けっこう時間がかかってしまったが、私たちはこの成人女性のドラフト全ゲノム配列解読を達成した。ドラフトとは〝草稿〟の意味で、〝ドラフト全ゲノム配列〟とは、曖昧さのない〝完全ゲノム配列〟ではないが、ヒトゲノムの約30億文字を一通り読んだことを意味する。イン・シリコ（in-silico：コンピュータの中の意）でこの配列データの解析を進めていくと、驚いたことに、炭素同位体を用いた年代測定で約2500年前[※1]と推定されたこの女性は、ラオスの約8千年前の狩猟採集民の人骨と、遺伝的に高い親和性を示した。もう少し分かりやすくいえば、ゲノム配列データが報告されている東アジアや東南アジアの現在から過去まで含めた人々の中で、ラオスの約8千年前の狩猟採集民の人骨と、伊川津縄文人は他のどの現代人よりも遺伝的に近かった。私たちは、コペンハーゲンの研究グループが分析したこのラオスの約8千年前の狩猟採集民を含む25体の東南アジアの古人骨と一緒に、伊川津縄文人のドラフト配列を2018年に発表した。

さらに2020年、私たちは彼女を主役とした論文を発表した。ユーラシア大陸の東側（東南アジア、東アジア、北東アジア、中央アジア）の現代人および古代人のすでにデータベースに登録されている膨大なゲノム情報を使い、伊川津縄文人の祖先が、東ユーラシアのどこと繋《つな》がるか、その「系譜（genealogy）」を解析した。その結果、約2500年前に生きていたと推定されたこの女性の祖先は、縄文時代が始まった約1万6千年前よりもずっと古い時代に現在の東南アジアの人々の祖先と分岐し、日本列島にやってきた人々の系統と推定された。それは現在の東南アジアの人々の祖先と、現在の東アジアの人々の祖先が分岐したとされる約2万6千年前よりも以前の分岐ということになる。この結果は、2019年に神澤秀明さんらが完全ゲノム配列を解読した北海道の船泊《ふなどまり》縄文人の解析データとも整合性のあるものであった。これら愛知県と北海道の縄文人の全ゲノム配列データは、縄文人がユーラシア大陸の東側のヒト集団の中でも非常に古い時代に現代の東アジア人類集団と分かれた系統であったことを示唆した。

ただ、これで結論が出たわけではない。縄文人の出自や縄文人の祖先が日本列島にたどりついたルートについては、まだ研究は始まったばかりだ。私たちのグループの研究に限らず世界の古代ゲノム学では、これまで古代人の系譜の研究に重きが置かれた分析が進められてきた。しかし、それが今、変化しつつある。全ゲノム解析から得られる情報量は膨大で、古代人のゲノムは、彼らの系譜に関する情報を含んでいるだけではない。縄文人の

※1　現在、弥生時代のスタートを九州北部で稲作が始まった約3千年前とするのが一般的であるため、この考えに従うと、文化的には縄文文化をもつこの女性の生きた時代は弥生時代に含まれることになる。

ゲノム情報はさまざまな角度からさまざまな驚きを私たちに提供してくれる。古代ゲノム解析の技術そのものが、多くの人の想像を上回る可能性を秘めている。

伊川津の縄文女性と、その胸からお腹にかけて載っていた子供の関係について、私のところでポスドク研究員をしていた和久大介さん（現・東京農業大学助教）が調べた。一般に子供の骨は細く小さいため、ＤＮＡの残りが悪い。この子供の骨に関しても、ＤＮＡはわずかにしか残っていなかった。和久は、ＤＮＡキャプチャー法という方法で、子供の骨から抽出したＤＮＡに含まれるミトコンドリアＤＮＡ（ｍｔＤＮＡ）の断片を濃縮し、これを[※2]次世代型シークエンサ（ＮＧＳ）で読んで、この子のＤＮＡの完全配列を決定した。子供を載せていた壮年期女性の完全ｍｔＤＮＡ配列はすでに解読されていたので、子供の配列が決まると、すぐに比較を行った。

配列は異なっていた。ｍｔＤＮＡは母親から子供へ引き継がれる。受精の際、精子に含まれる父方のミトコンドリアは排除され、卵子に含まれる母方のミトコンドリアだけが、子に伝えられるからだ。ふたりの完全ｍｔＤＮＡ配列が違っていたということは、母と子の関係ではないことを示す強い証拠となる。それではいったい、この子とこの女性は、どういう関係だったのだろうか？

これまで縄文社会は、双系社会か母系社会であったであろうと想像されてきた。現代の世界の狩猟採集民の多くが、双系か母系社会であることが、こう想像させることを後押しする。逆に、世界的に農耕民の社会は、父系社会だと言われている。母系社会では、女性の住んでいるところへ、男性が婿入りする場合が多く、父系社会では、男性の住んでいるところへ、女性が嫁入りする場合が多い。前者を妻方居住（matrilocal）、後者を夫方居住（patrilocal）という。そうすると、父系社会では、死者を埋葬する場合、男性を中心とした血縁関係にもとづく埋葬が予測できる。逆に、母系社会であれば、女性の系統を重視した埋葬が予想される。

伊川津の成人女性と子供は、合葬されていたにもかかわらず、母子ではなかった。そうすると、この埋葬小集団は女性の系統ではなかったということだろうか？　その結論も、まだ出ていない。この縄文女性が子供の父親の母親であれば、母系社会的な見方でも辻褄《つじつま》が合うだろう。現在、私たちの研究グループでは、他の4体についてもゲノム解読を進め

※2　次世代型シークエンシングについては、第2章139ページを参照。

ている。

こうした遺跡に埋葬された人々の血縁関係を理解することは、縄文社会の親族構造を理解するために不可欠だ。系統だけでなく、血縁関係も、人骨から抽出したＤＮＡから明らかにすることができる。縄文社会は、どのような親族構造を基礎としてきたのか？　そんな謎にも取り組んでいる。

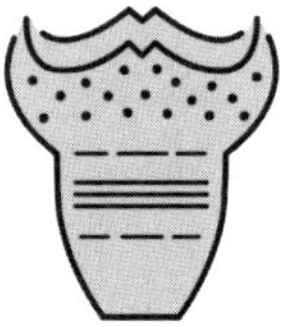

第2章

お酒に弱い遺伝子とウンコの化石のゲノムから何がわかるか

太田博樹
東京大学大学院 理学系研究科 生物科学専攻 教授

アメリカ同時多発テロ事件

2001年4月に移り住んだコネチカット州ニューヘイブン市は近代的な緑の多い街だった。ニューヘイブン市にイエール大学がある、というよりは、街全体がイエール大学のキャンパスの中にあるような構造になっている。イエール大学の創設はアメリカ合衆国建国より古いので、大学の中に人々の生活が発展してきたのだ。

2001年4月から私は、イエール大学医学部遺伝学研究部門で、アルコール代謝に関連するいくつかの遺伝子で見られる個人差を、世界中の人類集団で調べるプロジェクトにポスドク（博士号をもつ研究員）として雇用されていた。

あまり外国にいる感じのしない半年間を過ごしていた私は、米国の自動車免許も取得し、近いうちにマンハッタンへ遊びに行く計画も立てていた。ハイウェイを飛ばせば1時間半ほどでニューヨークだ。そんな2001年9月11日、テロ事件が起こった。

朝8時46分、マンハッタン島の南端にあった世界貿易センター（World Trade Center: WTC）のツインタワーに2機の飛行機が突っ込んだ。私は知らせを聞いて研究室に駆けつけた。大学は騒然としていたが、パニックにはなっていなかった。むしろ冷静だった。ボディービルで鍛えた大柄で頼りがいのある研究室の秘書さんは「アメリカ人がこんなに嫌われていたなんて悲しい」と涙を流した。

私が所属していた人類遺伝学研究室は、イエール大学医学部付属ニューヘイブン病院の建物の正面にある建物にあったので、午後になると、救急車のサイレンの音がけたたましく鳴り響いていた。マンハッタンの病院では収容しきれなくなった怪我人が運ばれてきている、と聞いた。当時、ツインタワーには1万数千人の民間人がいた。このうち2千数百人が命を落とした。消防士や警察官にも多くの犠牲者が出たので、その数は3千人近くに上ったのではないかと思われる。医学部に所属していながら、医者ではない私たちには何もなすすべがなかった。

仕事ができる雰囲気ではなかったので、私は近所のグローサリー（雑貨屋）に立ち寄った。すると、その小さな店が多くの人であふれていた。グローサリーの店員――おそらくパキスタンあたりの出身であろう――に対し、店を訪れた客が「イスラム教徒はアメリカから出て行け！」と罵声を浴びせたのだ。その声が響いたのだろう、周囲の住人が大勢、何事かと集まってきていた。グローサリーの中も外も、ただならぬ雰囲気で騒然としていた。ああ戦争が始まるとはこういうことか、と私は思った。

同時多発テロ事件から数か月後、私の所属していた研究室の教授であるケネス・キッド（Kenneth K. Kidd）のところに連邦政府からある依頼が届いた。「DNA検査でWTCの犠牲者の身元確認をする。そのプロジェクトに手を貸して欲しい」というものだった。犠牲者の遺体は、すみやかに遺族に返されるべきである。しかし、飛行機が突っ込むというとんでもない物理的衝撃の結果、それらの遺体の多くは外観から個体識別できる状態ではなかった。そこで遺体からDNAを採取し、身元調査するというのだ。

遺伝的多型（STRとSNP）について

DNAは、アデニン（A）、シトシン（C）、グアニン（G）、チミン（T）の4つの塩基で構成されている（詳しくは第0章を参照）。これら塩基が並んでいて、その塩基配列が遺伝情報を刻んでいる。

DNAやタンパク質には、指紋のような個人差がある。こういう個人差のことを遺伝的多型（genetic polymorphism）という。さまざまな種類の遺伝的多型が存在し、これらをまとめて遺伝的バリエーションという。全ての遺伝的バリエーションは、生殖細胞が作られるときに起こる。卵子や精子が作られる際、ＤＮＡは複製され、この際に起こるエラーによって遺伝的バリエーションは生まれる。

こういうエラーが起こることを mutation と呼び、「突然変異」とか単に「変異」と和訳されている。ある集団を想定した場合、「変異」は、それが誕生した直後においては、常に集団中でマイノリティーだ。なぜなら、たとえば１００人の集団に「変異」が誕生するということは、１００人中のひとりの、たくさんある生殖細胞の一つに誕生した「変異」が、運良く受精して生まれてきたということなので、それは当然マイノリティーなのだ。これを rare variant（レア・バリアント：希少変異）という。それは〝レア（稀《まれ》）〟なので、偶然の効果によって、すぐに集団中から消えてしまう。しかし、偶然の効果で、たまたま頻度を増す変異があり、集団中での頻度が1％を超えた場合、その「変異」を「遺伝的多型」と呼んでいる。つまり、遺伝的多型とは、集団において、極端にレアではなく、一定頻度以上で存在する遺伝的バリエーションのことだ。

ちなみに、ここでいう「頻度」とは、「割合」のことだ。日常会話で「ぼくはコンビニで買い物をする頻度が高い」のように登場する「頻度」は、厳密な統計値を根拠にしているわけではないが、ここで話している「頻度」は統計量だ。もっと詳しくいえば、100人の集団の場合、母親由来、父親由来のゲノムが半分ずつあるので、分母は200になり、ひとりの人が、母親由来の変異を持つ場合、その変異の集団中での頻度は1／200＝0・005（0・5％）ということになる。

話を元に戻そう。法医学ではSTR（short tandem repeat）多型というものを利用して、DNAにもとづく個体識別をする場合が多い。マイクロサテライトとも呼ばれるSTR多型は、ヒトのゲノム中に点在する短い文字の繰り返しで、この繰り返し回数に個人差がある。その個人差を個体識別に使うのだ。たとえばGCTという文字列ユニットだとすると、このGCTが並んで続けて登場する回数に個人差がある（図1）。繰り返し回数がn回の場合、「GCT」nと表現する。GCTが11回繰り返す場合、「GCT」11と書く。ヒトは母親と父親から半分ずつDNAを受け継ぐので、母から11回繰り返しのDNA、父から13回繰り返しのDNAをもらっていると「GCT」11／「GCT」13という組み合わせで、持つことになる。こういうSTR多型を1箇所見ただけでは、偶然、他人どうしが一致したりしてしまうが、ヒトゲノム中にはSTRが約10万箇所あるので、たくさんのSTR多型

図1. DNA多型の例：STR多型
短い塩基配列の繰り返しの数には個人差がある。

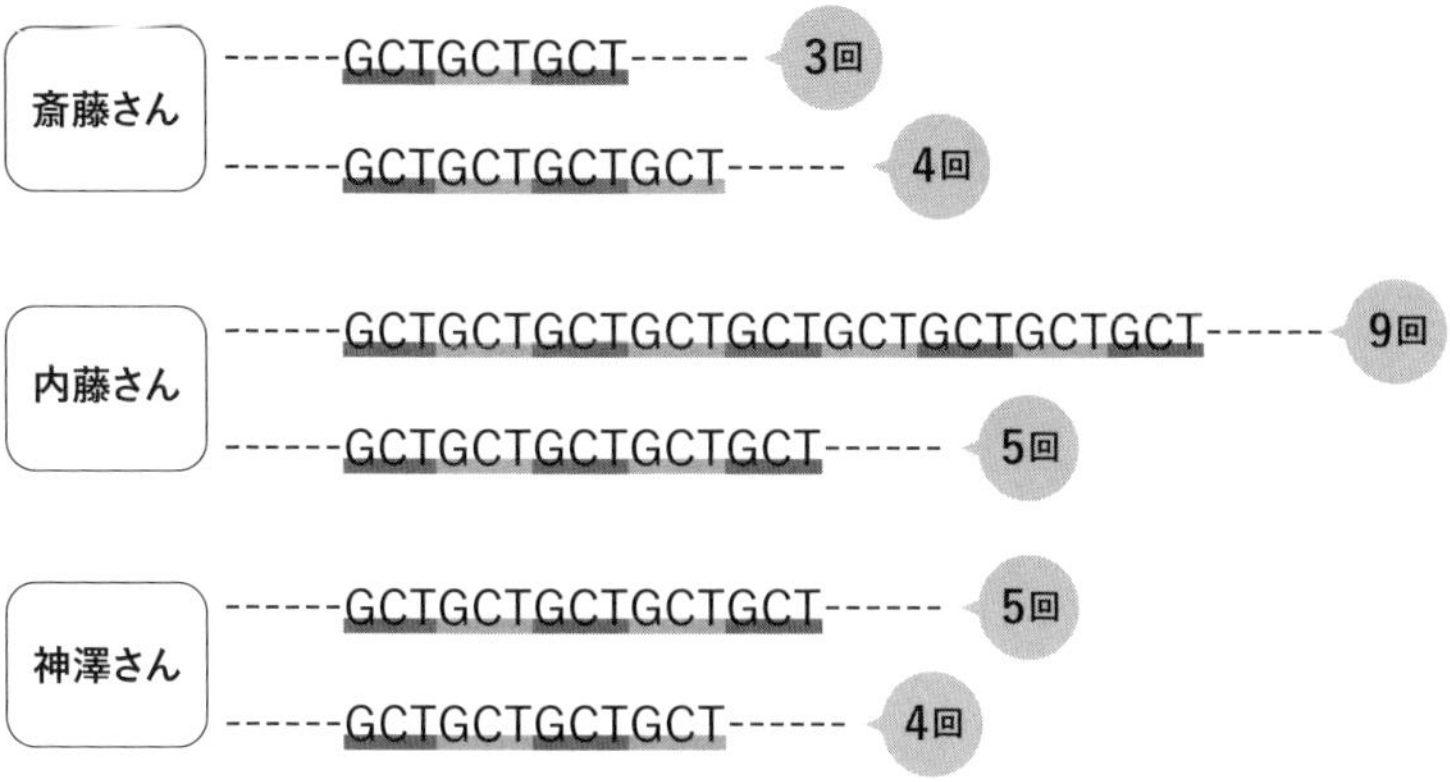

を調べることで個体識別や血縁解析を確実にすることができる。

しかし、テロ攻撃を受けた世界貿易センターには、原型を留めていない2千以上の遺体が存在した。それだけたくさんの遺体について、複数箇所のSTRを正確に調べることは、2001年当時、技術的にハードルが高かった。人類遺伝学者であるケン・キッドへの依頼は、STR多型を使うのではなく、SNPを使えないか、というものであった。

SNP（single nucleotide polymorphism）とは単一塩基多型のことで、たとえば図2のようなDNAの塩基配列があったとして、この塩基配列の中で、斎藤さんだけGで、内藤さんと神澤さんがAであるサイト（塩基の位置）と、斎藤さんと

図2. DNA多型の例：SNP多型

DNAの塩基配列中にところどころ見受けられる1塩基の違い。図の文字列はDNAの片方の鎖を表している。

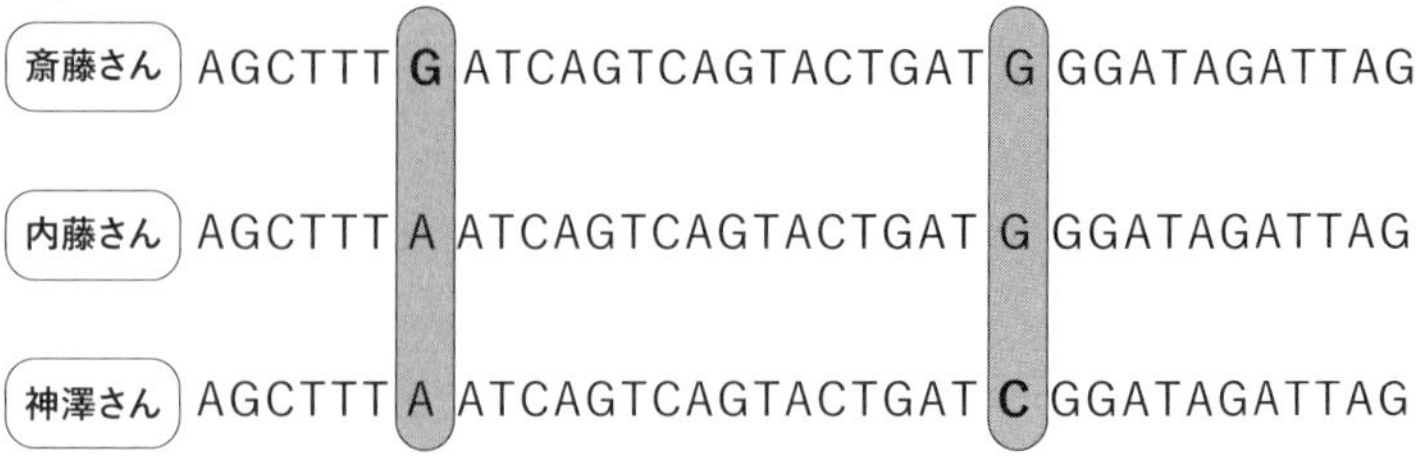

内藤さんはGで神澤さんだけCであるサイトがある。1番目のサイトは、日本列島の集団で10％がG、90％がAだとすると、1番目のサイトは集団中にGもAも1％以上いるので多型と言える。こういうサイトがSNPサイトだ。一方、2番目のサイトは、99・9％がG、Cの人は0・1％だとすると、これはレア・バリアント・サイトだ。SNPサイトであれレア・バリアント・サイトであれ、アレル[※1]（allele）という言葉をもちいて、GやAなどそれぞれのバリエーションを、Gアレル、Aアレルと呼ぶ。SNPのヒトゲノム中の数はSTRに比べて圧倒的に多い。遺伝子型タイピング（genotyping）、すなわち各個人がもつ両親から1つずつもらったアレルの組み合わせをタイピングすることも、SNPの方がSTR多型に比べて簡単だ。

　アメリカ合衆国は移民の国なので、さまざまな由来をもつ人々が共にはたらき、生活をしている。アフリカ、ヨーロッパ、ユーラシアといったさまざまな地域に原郷をもつ人々だ。世界貿易センターのテロ犠牲者も同じであった。連邦政府からの依頼は、STR多型を分析する前に、まずはSNPをもちいてエスニシティーだけでも確認できないか？　というものであった。ケンは無償での協力を約束した。

ヒト集団の差は頻度の差

ホモ・サピエンスは遺伝的に極めて均質だ。他の類人猿と比較して、その傾向は顕著だ。たとえば、アフリカの森の中で偶然出会った2頭のチンパンジーどうしの遺伝的差違よりも、日本列島に住んでいる人とアフリカ大陸に住んでいる人、ふたりのヒトどうしの遺伝的差違の方が、ずっと小さい。これは、ヒト（現生人類＝ホモ・サピエンス）が、ごく最近（約20万年前）アフリカ大陸で誕生した新しい種だからである。ヒトは6万年くらいの

※1　かつてアレルは対立遺伝子と訳されてきた。しかし、DNAの塩基配列を読むことができるようになってからは、その塩基一つひとつについて変異がある場合、一方をalleleと呼ぶようになったため、日本語訳と概念のズレが生じた。その結果、単に片仮名でアレルもしくはアリールと書くのが慣例になった。

図3.「1000人ゲノムプロジェクト」におけるヒト集団内の遺伝的バリエーションの頻度

The 1000 Genomes Project Consortium (2015), *Nature*を参考に作成　＊略語の説明は章末を参照

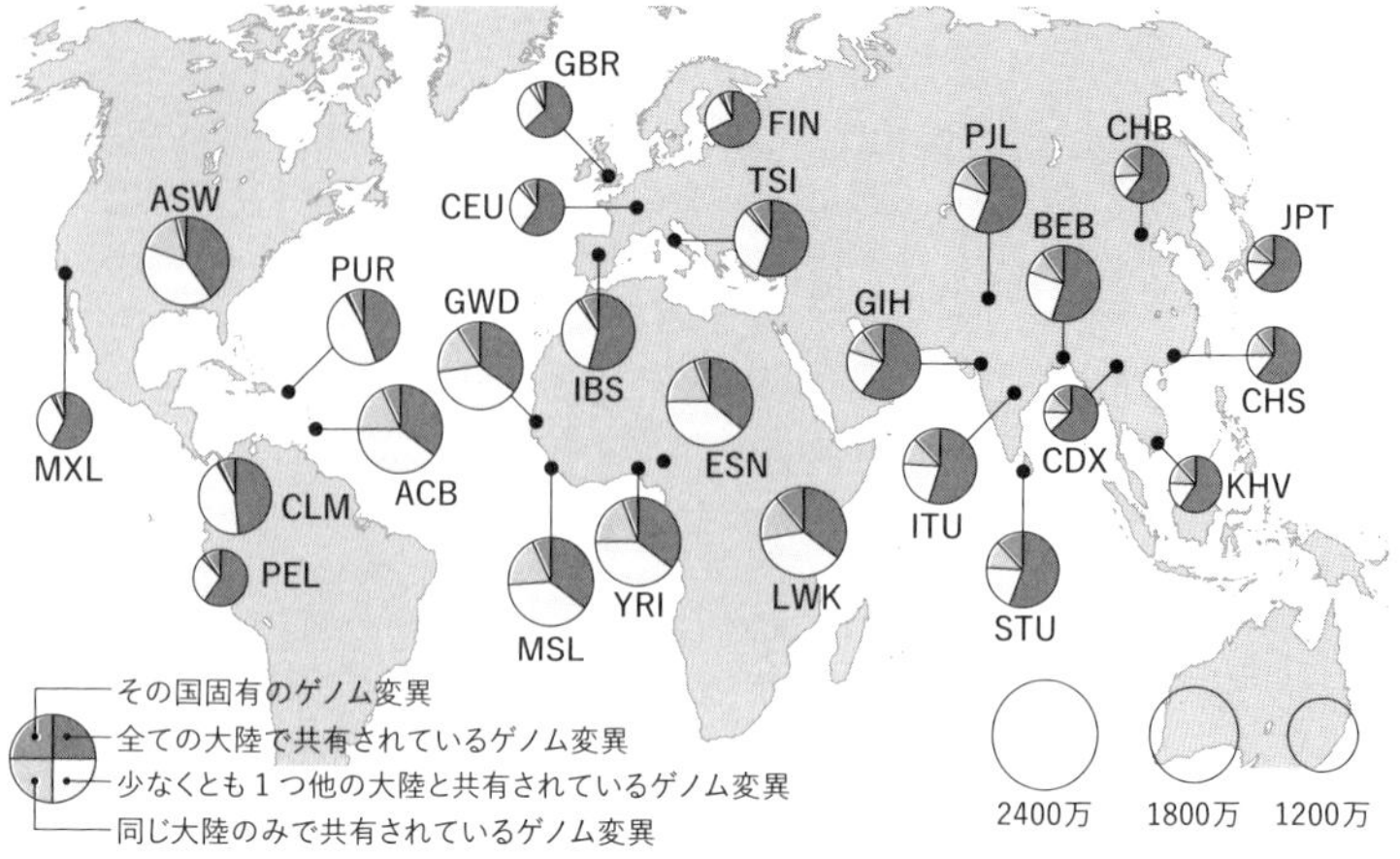

短い期間で世界中に広まった。最初、理論的に1万人たらずだったのに、現在、80億人にまで増加している。急速に人口は拡大したので、変異を蓄積する時間は短かった。このため80億人はお互い遺伝的に似ているというわけだ。

２００１年にヒトゲノムのドラフト配列が発表され、２００３年にヒトゲノム解読完了が宣言された。以後、ヒトゲノム多様性を明らかにするための大規模プロジェクトがいくつか実施された。はじめはすでにわかっているバリエーションであるＳＮＰにターゲットを絞った国際HapMapプロジェクトが進められた。２００５年にこのプロジェクトの報告がなされ、その後、ＳＮＰだけでなく、多

くの個体でゲノム配列全部を新規に読むいくつかのプロジェクトが進められた。その代表が「1000人ゲノムプロジェクト」で、結局、このプロジェクトでは、世界26集団から2千人以上のゲノムが読まれた。

こうしたヒトゲノム多様性の研究は、現生人類がアフリカ大陸に起源をもち、また種全体として遺伝的にかなり均質である証拠を示した。たとえば2015年に出版された「1000人ゲノムプロジェクト」最終報告の論文では、ヒト集団内の遺伝的なバリエーションの頻度を調べている。ここで言っている遺伝的バリエーションとは、先述のSNPやSTR多型の他に欠失・挿入といったバリエーションを含んでいる。ここでは、これらをゲノム変異と総称することにする。円グラフで示すと、全ての大陸で共有されているゲノム変異は、ユーラシア大陸の西側（ヨーロッパ）でも東側（アジア）でも70％近くに上る（図3）。たとえば、日本列島に住んでいる人々のゲノムの場合、約7割のゲノム変異を世界中（アフリカ大陸、ヨーロッパ大陸、インド亜大陸、東アジア大陸）の人々と共有している（円グラフの濃い灰色部分）。残りの約3割のうち1割は少なくとも1つの他の大陸と共有しており、1割は東アジア大陸の人々と共有している。残りのたった1割が日本固有のゲノム変異ということになる。

ここまでで「変異」「遺伝的多型」「(遺伝的) バリエーション」という3つの言葉が出てきて、やや混乱したかもしれないので、あらためて整理をしておく。生殖細胞ができるときに「変異」は誕生する。生まれた直後、「変異」はマイノリティーだが、たまたま集団中での頻度が1%に到達した場合、「遺伝的多型」と呼ばれるようになる。1%未満の頻度のものは、「レア・バリアント (希少変異)」である。研究者などが、ヒト集団からランダムにサンプリングをし、調査した場合、これらは「(遺伝的) バリエーション」として観察される。ここで重要なポイントは、観察者である研究者が、何を「集団」と考えるか、である。「ホモ・サピエンス」全体を集団と考えるのか、「現在の日本列島に住んでいる人」を集団と考えるか、あるいは「現在、世田谷区に住んでいる人」を集団と考えるかで、その「バリエーション」の意味は変わってくる。

アメリカ連邦政府が、世界貿易センターのテロの犠牲者について、DNAをもちいて明らかにしたいと考えたのは、ざっくりとした〝エスニシティー〟であった。かつて三大人種などと呼んでいた、アフリカ系、ヨーロッパ系、アジア系のような〝エスニシティー〟だ。本来「エスニシティー」は民族性を意味するが、ここでいう〝エスニシティー〟は地域集団のようなものだろう。つまり、連邦政府がケン・キッドに協力を要請したのは、犠牲者の数世代前の祖先が所属した地域集団の特定であった。図3で示したように、地域集団特異的（固有）なゲノム変異は、全ゲノム中の変異のせいぜい1〜2割から探してこなければならない。

しかも、世界貿易センターのテロは国際HapMapプロジェクトの完了（2005年）以前である2001年に起こった悲劇なので、現生人類のゲノム多様性に関する包括的かつ公的データベースがまだ整備されていない時期だった。現在は、インターネットで、たとえば「1000人ゲノムプロジェクト」のデータベースにアクセスすれば、容易に地域集団ごとにSNPなど遺伝的バリエーションを抽出することができるが、当時はそれができなかった。しかし、ケンの研究室では時代に先駆けて地域集団を特徴づけるゲノム変異のデータベースである〝ALFRED〟[https://medicine.yale.edu/lab/kidd/research/alfred/]を創設し、運営していた。そのため、SNPをもちいた犠牲者のエスニシティー調査の依頼が、ケンのところに届いたのだ。

SNPをもちいてエスニシティーを調査するとは、どのようにするのか？ ちょっと専門的になるが具体的に次のような感じだ。

図3で示した「1000人ゲノムプロジェクト」のように、現生人類の場合、7割くら

いのゲノム変異は全ての大陸で共有されている。遺伝的バリエーションの中には、SNPもSTRも、欠失とか挿入とかも含まれるが、ここではSNPについて話そう。「7割くらいのゲノム変異は全ての大陸で共有されている」とは、どういうことかというと、図2の1番目のようなSNPサイトを例にすると、アフリカ大陸やヨーロッパ大陸、インド亜大陸や東アジア大陸に住んでいる人でも、1番目のSNPサイトは多型的だ、という意味だ。つまり、Gアレル、Aアレル、どちらか一方は、1%以上の頻度を持っている、ということだ。

そういう全ての大陸で共有されているSNPサイトであったとしても、それぞれのアレルの頻度には、地域差がある。たとえば、パリではGアレルが60%、Aが40%いるが、東京ではGが10%、Aが90%だ、というような場合、GとAの頻度に地域差があると言える。繰り返しになるが重要なのでもう一度言おう。「頻度」に「地域差」があるのだ。遺伝的多型として共有されているけれど、アレルの「頻度」には、集団によって差がある。「パリでGが60%、Aが40%、東京でGが10%、Aが90%」のような頻度分布の場合、このSNPは日本人とかフランス人といった地域集団を特徴づける遺伝的変異と言えそうだが、地域集団固有ではない。このSNPはパリに住んでいるヨーロッパ系の人でも、東京に住む東アジア系の人でも、どちらも持っている変異なので、東アジア固有でも日本列島固有でもない。単にユーラシア大陸の西側と東側で共有されているSNPということになる。繰り返しになるが、約7割のSNPがアフリカ大陸を含む全ての大陸で共有されている。

日本列島固有のSNPを選びたい。パリではTが100%、東京ではCが100%のようなSNPを選びたい。さらに、そうしたSNPのお互いに近傍にあるSNPどうしを組み合わせた「ハプロタイプ（haplotype）」で見てみたい。その方が確実に地域集団を分離できるからだ。

つまり1個のSNP「T」or「C」だけではなく、ゲノムの特定の領域のタイプをいくつかのSNPを使って決めて、そのタイプの地域ごとの頻度を見たい、というストラテジーだ。

たとえば、あるゲノム領域で、5個のSNPが物理的に並んでいる場合、その5個のSNPの組み合わせでハプロタイプを定義する。ハプロタイプ1は、TTTTT、ハプロタイプ2は、TTTCT、ハプロタイプ3はTTTCCのように。世界のヒト全体を調べると、これら3種類が主に見つかったりする。そしてハプロタイプ1、2、3の頻度を各地域で調べると、より厳密に地域集団の特徴づけができるようになる。こういう地域特異的なハプロタイプをゲノム中のできるだけ多くの場所で調べる。ＳＮＰデータをもちいた世界貿易センターのテロ犠牲者の身元確認のためにケンが考えたアルゴリズムは、ざっくりと言えばそういうものだった。

現在、ＤＮＡ検査会社に唾液を送り、遺伝的祖先を調べる検査キットが市販されている。日本ではさほどでもないが、欧米ではけっこうな人気だ。ケンが考えたアルゴリズムは、そうした遺伝的祖先を調べるサービスで応用されているものとほぼ同じ原理である。現生人類は遺伝的に均質であるけれど、頑張れば地域と地域の間にバリエーションの頻度の差として、差違を検出することができる。ＤＮＡで個体識別や身元調査することは可能である。しかし、逆にいえば、頑張らないと差違を検出できないくらいヒトは均質だ。それゆえ現代科学において生物学的な意味で「人種（race）」の存在は否定されている。そして、一人ひとりの個人のアイデンティティは、ＤＮＡの系譜の中にあるわけではない。その人が生きてきた歴史の中にある。

数世代前の祖先が移民であったか本人が移民であるかはわからないが、当時の私がよく利用していたあのグローサリーの店員は、おそらくパキスタンあたりに祖先を持っていたのだろう。たしかにインド亜大陸の周辺地域に住む人々のゲノムの特徴というのはあって、たとえばヨーロッパ系や東アジア系では、ほとんど観察されない「変異」をインド亜大陸周辺では「多型」として観察できる、というものもある。

そうしたゲノムの特徴は、たしかにヨーロッパや東アジアを起源とする人々のそれとは異なるが、頻度の地域差は勾配を示す。国境のような明確な境界線があるわけではない。虹の7色のようにグラデーションになっている。そして「イスラム教徒のDNA」は存在しない。その人が北米大陸という地でムスリム（イスラム教徒）として生きてきた歴史は存在し、DNAの系譜がどこに起源するかということよりも、その人のアイデンティティについて、そのことがずっと大きな意味を持っている。

グローサリーの店員に「イスラム教徒は出て行け！」と罵声を浴びせたヨーロッパ系を祖先に持つと思われる中年男性の客に対し、やはりヨーロッパ系を祖先に持つと思われる中年女性の客が「この人たちはアメリカ人よ！　この人たちは何も悪いことしてないわ！」と叱責するように叫んだ。グローサリーの店員は終始黙っていた。当時まだ喫煙者だった私は、騒ぎの中をかき入り、店員にタバコを1箱売ってもらい、店を出た。

図4. アルデヒド脱水素酵素遺伝子
*ALDH2*遺伝子は、13のエキソンを持っている。そのうち、12番目のエキソンに存在する、ある塩基がG(グアニン)の人とA(アデニン)の人がいる。このSNP多型の名前をrs671という。

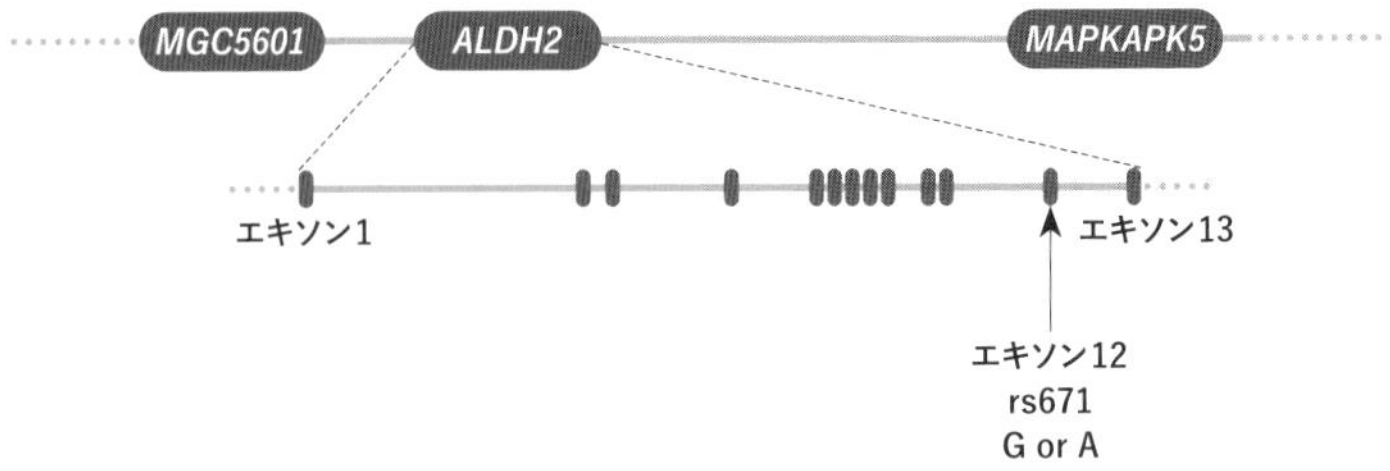

お酒に弱い「変異」

ヒトの地域集団の間で、特定の地域で固有な遺伝的変異は、変異全体の1～2割でしかないことはすでに述べた。そういう数少ない変異の中で、生化学的な機能もわかっている代表的なものの一つが、*ALDH2*遺伝子のrs671というSNPだ。遺伝子の名前がアルファベットで登場すると、突然難しい話になった印象をもつかもしれないが、*ALDH2*とはこの遺伝子がアルデヒド脱水素酵素(aldehyde dehydrogenase 2)をコードする遺伝子で、その頭文字をとって*ALDH2*遺伝子と名付けられている。

〝コードする(code)〟とは「暗号化する」という意味で、遺伝子の情報がタンパク質のアミノ酸配列の並び順を決めていることを、「暗号」になぞらえた用語だ。また、遺伝子の名称は、ふつう、その遺伝子から作られるタンパク質の名称をイタリックで表記する。ＡＬＤＨ２がタンパク質（酵素）の名称。*ALDH2*が遺伝子の名称だ。[※2]*ALDH2*遺伝子の12番目のエキソン[※3]にあるＳＮＰの名前がrs671である（図４）。「ｒｓ」は参照一塩基多型（reference SNP）の頭文字をとったもので、ヒトのゲノムでは、新しくＳＮＰが見つかると、この番号が付けられる。より最近に見つかったものほど、数字の桁数が大きくなる。その点「６７１」は、３ケタと短くて、憶《おぼ》えやすいので便利だ。桁数が小さいということは、古くから知られていたＳＮＰだということも、暗に表している。

このＳＮＰにはＧとＡの変異があって、Ａアレルは、東アジアにしか存在しない。私がケンの研究室のポスドク研究員になるよりずっと以前から、この変異が東アジアをオリジンに持つ人でしか見つからないことは知られていたが、私がケンの研究室で世界中からの37集団（１９６５人）について調べたところ、やはり東アジア人からしか見つからなかった。この変異が有名なのは、それをもつ人は「お酒に弱い」という顕著な体質（表現型）を示

※２　ちなみに、ＡＬＤＨ１という酵素もあって、その遺伝子*ALDH1*は、主に肝細胞の細胞質で発現している。ＡＬＤＨ２は肝細胞のミトコンドリアに局在している酵素で、ＡＬＤＨ１は細胞質に見られる酵素だ。

※３　遺伝子は、エキソン配列とイントロン配列が交互に並んでいる。ＲＮＡに転写はされるけれど、途中で切り出されてしまい、最終的にタンパク質のアミノ酸配列情報にならない部分がイントロンという。逆に、タンパク質のアミノ酸配列情報を含む部分をエキソンという。

すからである。

私は大学生の頃、学習塾で講師のアルバイトをしていた。中学生から高校生までいる学習塾だ。あるとき塾の生徒から「先生はいつも酔っ払っているみたい」と言われたことがあった。そんなハズはない。私は、お酒を飲むことは好きだけれど、弱いタイプで、少しでも飲めば顔が紅くなってしまう。ビールを飲みながら、顔色一つ変えずに授業をする塾講師の先生が人気だったが、私には真似できない芸当だった。たぶん私の滑舌が悪く、ヨッパライの呂律の回らないしゃべり方に似ているからだろう。ともかく、私はアルコール飲料を摂取するとすぐに顔が紅くなるタイプである。

この「お酒に弱い」という体質は、とてもはっきりとわかりやすく親から子へ遺伝する。前出の *ALDH2* 遺伝子の変異が原因だ。すでに述べたように私たちは両親から半分ずつゲノム情報を受け継いでいる。*ALDH2* 遺伝子の rs671 については、この世にＧＧの人とＧＡの人とＡＡの人がいる（図５）。こういうのを遺伝子型（genotype）という。父親と母親の両方からＧアレルをもらったＧＧ型の人を「Ｇのホモ接合」、父親と母親の両方からＡアレルをもらったＡＡ型の人を「Ａのホモ接合」、どちらか一方からＧアレル、他方からＡアレルをもらったＧＡ型の人を「ヘテロ接合」という。ＧＧ型の人は、お酒を飲ん

図5. *ALDH2*遺伝子多型のGG・GA・AAのタイプ

でも顔色一つ変えない。GA型の人は、お酒を飲むと顔が紅くなる。AA型の人は、お酒を飲むと急性アルコール中毒になってしまう。つまり、飲んではいけない人である。

なぜそうなるかと言うと、ALDH2酵素のはたらきに、その理由がある。アルコール飲料に含まれるエタノールは、消化器から吸収されると、肝臓に集められる。肝臓ではアルコール脱水素酵素（alcohol dehydrogenase：ADH）が作られていて、エタノールを分解し、アセトアルデヒドを作る。アセトアルデヒドを分解する酵素がALDH2である。ヒトにとってアセトアルデヒドは強毒だ。飲酒で顔が紅くなったり、頭が痛くなったり、吐き気がしたりするのは、このアセトアルデヒドの血中濃度が上昇するからだ。アセトアルデヒドはALDH2により酢酸に分解される。ところが、*ALDH2*遺伝子のrs671において、Aタイプは、壊れたALDH2分子を作ってしまう。

ＤＮＡの塩基配列に番号をつけると、rs671は１５１０番目の塩基である。この１５１０番目の塩基がＧのときは、５０４番目のアミノ酸がグルタミン酸（Glu）であるけれど、１５１０番目の塩基がＡの場合、リジン（Lys）になる。５０４番目のアミノ酸がリジン（Lys）に置き換わったＡＬＤＨ２タンパク質は、どうなるか？　１つくらいアミノ酸が違っていても、大差はないだろうと思うかもしれないけれど、この５０４番目という場所が重要なようで、この場所のアミノ酸が置き換わることで〝壊れた分子〟となる。

４つのＡＬＤＨ２の分子が合体して酵素としてはたらいている。こういうのを四量体《よんりょうたい》というのだけれど、１つでも壊れたタイプのＡＬＤＨ２分子が４分子の複合体に含まれていると、酵素としての能力（「酵素活性」という）が劇的に減少してしまう。遺伝子型がＡＡの人は、４分子とも壊れているので、酵素活性は完全になく、強毒であるアセトアルデヒドを分解することができない。遺伝子型がＧＡの人は、いちおう正常な四量体も作ることができるが、不完全な四量体を作る割合が高くなる。

私がrs671について世界37集団（１９６５人）で調べた結果、Ａアレルは東アジア由来の人々（サンフランシスコ在住の中国人、台湾の漢民族、客家《はっか》、日本人）でしか見つからなかった。それぞれの集団内で30〜40％（Ａの頻度であって、遺伝子型であるＧＡとＡＡ

の両方を含む）、同じ東アジア系でも、台湾原住民ではほぼ０％、東南アジアだとカンボジア人では15％と少しいる程度で、ヨーロッパやアフリカ、アメリカ大陸では、調べた中でゼロだった。このようにお酒に弱いＡアレルは、東アジアにしか見つからなかった。

英語で「酔っ払い」は［a drunken man］とか［a drunkard］だ。あくまで印象だけれど、ヨーロッパやアメリカで見かけるお酒を飲んだ人たちは、日本で見かける酔っ払いとは、随分と違う。それは東アジアの一部である日本列島にはＧＡ型の人がいるけれど、欧米にはいないことと関係しているかもしれない。むかし、ザ・フォーク・クルセダーズというグループの「帰って来たヨッパライ」という歌があった。聴いてもらえばわかるが、歌に登場するヨッパライは drunkard のイメージからはほど遠い。日本の居酒屋によくいるお酒に弱い人のイメージだ。古典落語にも多くの「酒飲み」が登場するが、そのほとんどが、わりと簡単に泥酔してしまう。飲んでも顔色一つ変えないというタイプは、あまり登場しない。*ALDH2* 欠損型は、東アジア、特に日本の文化にも大きな影響を与えているのかもしれない。

Column

ヒトゲノムを本にたとえると？

ゲノムを図書室に収蔵された書物（本）にたとえてみよう。ヒトゲノムは23巻、約30億文字で記載された本だ。染色体が各巻に、DNAの塩基が各文字に相当する。父と母から1セットずつもらっているから、1人の人間が46巻（60億文字）の本を持っていることになる。この本は、細胞核という図書室に収められている。ヒトを構成する、ほぼ全ての細胞に細胞核が存在し、その全ての細胞核が1つの図書室に対応している。ということは、ほぼ全ての細胞が、ヒトがヒトであるために必要な設計情報を格納した図書室をまるっと抱えていることになる。これは随分と膨大な量だ。胃や腸など消化器の細胞では、食べ物を消化する酵素などの必要な情報があればよく、手や足や頭を作る情報はいらないだろう。

体にはそれぞれの場所（臓器）で必要な情報だけ取り出す仕組みがある。この仕組みを転写という。転写とはコピーである。塩基の文字列の必要な部分だけをコピーしているのだ。このコピーされた情報のことをメッセンジャーRNA（mRNA）という。その場で必要な情報をコピーし、それを設計図として必要なタンパク質を作るわけだ。この過程を翻訳と呼ぶ。DNAからmRNAに転写され、タンパク質に翻訳される情報に相当する一続きの文字列を遺伝子、この一連の現象を遺伝子発現、と呼んでいる。

転写されたｍＲＮＡは、成熟する過程で編集がなされる。この編集作業をスプライシングという。ＤＮＡの文字列の中には必要のない文字列も含まれていて、それを切り出して必要な情報だけつなぎ合わせるという作業だ。必要な部分をエキソンといい、必要のない部分をイントロンという。エキソンだけがつなぎ合わされて図書室（細胞核）の外（細胞質）へ持ち出され、翻訳される。

図書室に収められたゲノムは、遺伝子単位で情報が記載されている。ヒトの場合、遺伝子の数は2万数千個である。この中には、イントロンをもたない小さな遺伝子も存在する。でも大半の遺伝子は、イントロンによってエキソンが分断されている。エキソンには番号がついていて、エキソン1とかエキソン2とか呼ばれる。遺伝子を読み始める暗号は開始コドンと呼ばれ〝ＡＴＧ〟の文字列で表現されている。この先頭の文字を塩基ポジション番号の1番とすることが多い。

本稿で登場した*ALDH2*遺伝子は13個のエキソンをもち、12番目のエキソンにある塩基ポジション1510番にお酒に弱い変異があって、この一塩基多型にはrs671という世界共通の名前が付けられている、というわけだ。

「お酒に弱い」は自然選択か中立進化か?

東アジアにしか見つからない変異には、ざっくりと2通りの歴史が考えられる。1つは、他の大半の変異と同様に、ヒトの祖先がまだアフリカ大陸にいた頃に変異が誕生し、ヒトがアフリカ大陸を旅立った際にも、まだその変異を受け継ぐ子孫が存在し、世代を越え、ユーラシア大陸の東端に到着した頃にも、この変異は偶然消え去ることなく存在し、しかしある時点で、東アジア以外の地域では偶然、子孫が途絶え、消えてなくなってしまった、という歴史だ。けっこう複雑な歴史だ。もう1つは、その変異が東アジアで誕生した、という歴史だ。こちらは随分とシンプルな歴史だ。

あなたが、これら2通りの歴史を想像してみたとき、前者はあまり起こらない気がするのではないか? どちらかと言えば、後者の方がそれっぽいのでは、と思うだろう。私たち研究者もそう考える。ある現象を説明する際に、よりシンプルな説明の方が真実に近い、という考え方がある。この考え方を「節約法(parsimonious method)」といい、科学的思考の基礎といえる。もちろん、本当に、節約的な説明が真実であるかどうかは、ちゃんとした検証が必要なのだけれど、とりあえずは、そのように考える。もっとも節約的な説明を「最大節約的（maximum parsimonious）」という。上記の2通りの歴史を考えた場合、ある変異が東アジアにしか存在しない場合、後者の説明が節約的であることは間違いない。

お酒に弱い変異は、東アジアで誕生した。変異の誕生は、常に偶然によっている。前の項でもお話ししたが、生殖細胞が作られる際のDNA複製で生じた塩基配列の間違い（error／エラー）が「変異（mutation）」である。「変異」は「突然変異」とも呼ばれるが、ここでは「変異」という言葉を使おう。

DNAに生じた変異は、子孫に伝えられる場合がある。場合がある、という言い方をする理由は、卵子か精子かわからないが、その生殖細胞が受精し、生命として誕生するかどうかは、偶然によるからだ。偶然によって起こる変異は、ふつう、その個体の生存にとって有利でも不利でもない。また、その個体が子孫を残すことについて有利でも不利でもない。有利でも不利でもないことを「中立（neutral）」と言い、有利でも不利でもない変異のことを「中立変異」という。

偶然、子孫に伝えられた中立変異は、さらに次の世代へ、偶然伝わる場合もあるし、偶然伝わらない場合もある。偶然伝わることを、世代を越えて繰り返すと、集団中で変異の頻度が上がる。しかし、頻度が増えても、次の世代では偶然その変異が子孫に伝わらない場合もあるので、集団中の変異の頻度は、増えたり減ったりする。この頻度の変動を「遺伝的浮動（genetic drift）」と呼んでいる。生殖細胞のDNAに生じる変異の大半は中立変異なので、分子レベルの生物進化は、遺伝的浮動によるところがほとんどなのだ。

*ALDH2*遺伝子のrs671における変異Aは、ヒトがユーラシア大陸の東側まで拡散したのち、おそらく東アジアで誕生した。誕生したのは偶然である。しかし、東アジア人集団でAアレルの頻度が30〜40%であることは、偶然か、偶然ではないか、どちらの可能性もある。この変異Aが有利でも不利でもない中立変異であれば、遺伝的浮動でこの頻度を説明できる。しかし、もし偶然ではないと考えた場合、変異Aは何かしらの理由で有利であったと考えられる。不利であれば、集団中からすぐに消えてなくなるはずなので、30〜40%の頻度があり、偶然でないとすれば、有利だったと考えねばならない。

変異が生き残るとき、それが偶然ではない場合を「自然選択（natural selection）」という。この自然選択という言葉を生物進化を説明する原理とした人がチャールズ・ダーウィンである。自然選択の対義語は、人為選択だ。ある生物の遺伝的多様性の中から、人為的に選択して生物を変化させることを人為選択という。人為選択の具体的な例は、誰もが見かける多くの家畜や栽培植物である。家畜や栽培植物は、人間が自分たちの都合の良いように、野生の中にある遺伝的多様性から選択し、選択された者どうしを掛け合わせ、それを繰返して作った生き物だ。これに対し、自然も生物の多様性の中から、環境に合うものを選んでいる。それを繰り返すうちに、生物は変化していく。これを「進化」と呼び、その原理が自然選択である。ダーウィンは「進化（evolution）を発見した人」という勘違いをしている人が多いが、そうではない。生物が進化するという概念はダーウィン以前から存在した。ダーウィンが発見したことは、生物進化が自然選択により起きている、という進化の原理だ。

ダーウィン以後の約100年間は、ほぼ自然選択のみが生物進化を説明する理論だった。20世紀になり遺伝学と進化理論が結びついた集団遺伝学が発展した。そして1968年、国立遺伝学研究所の集団遺伝学者・木村資生《もとお》による「分子進化の中立説」が発表されて以降、事態は大きく変化した。分子レベルでは、変異が自然選択で頻度を増すケースは例外であり、ほとんどの場合、遺伝的浮動により増減する、というアイデアが主流になった。そして、生物進化は、少なくとも分子レベルでは、ほとんど偶然に支配された現象だということが、分子生物学のデータが蓄積されるにしたがって、明らかになってきた。

分子レベルでは、中立進化が基本である。したがって、これが帰無仮説（ある仮説が正しいかどうかを判断するために立てられた仮説）となる。DNAの塩基配列において、変異の頻度分布などが、中立理論で期待されるパターンから外れるような場合、それは中立進化ではないということになる。中立進化ではないということは、つまり自然選択によって進化した、ということになる。現在、統計学的に自然選択の有無を議論できるのは、中立理論があるお陰だ。

もとの問いに戻そう。ヒトにおいて*ALDH2*遺伝子のrs671における変異Aが東アジア集団で30〜40％の頻度を示しているのは、変異Aが自然選択を受けたからか、それとも偶然か？　イエール大学のケンの研究グループにいた私たちは、この答えを見つけるためのデータ解析を試みたが、それほどクリアな結論は出なかった。ゲノム中の他の変異を見渡して、たしかにrs671のAアレルは、特殊な変異に見えた。東アジアにしか存在しない、という特徴は、中立変異の典型的なパターンからは外れていた。しかし、まだ偶然で十分に説明できる。ところが、ヒトの肝臓ではたらくもう1つの遺伝子、*ADH*遺伝子を調べているうちに、前出の*ALDH2*遺伝子だけでなく、*ADH*遺伝子も含めてこの代謝経路をトータルで考えると「偶然ではない」のではないかと言える証拠が増えていった。

お酒とヒトの進化

エタノール代謝について、もう少し詳しく解説しよう。摂取したアルコール飲料のエタノールは、胃や腸などの消化器から吸収され、血流にのって肝臓にたどり着くことは先ほども述べた。肝臓では、アルコール脱水素酵素（ADH）が作られていて、この酵素がエタノールを酸化してアセトアルデヒドにする。アセトアルデヒドは強力な酸化剤で、ヒトにとって強毒である。肝臓では、アルデヒド脱水素酵素（ALDH）も作られていて、ALDH2酵素がアセトアルデヒドを酸化し酢酸にし、無毒化する。酢酸は尿中に排せつされるか、アセチルCoAとして代謝に再度組み込まれる。これが、アルコール飲料を摂取した際に肝臓で起こるエタノール代謝だ[※4]（図6）。

ALDH2には東アジア特異的な変異があり、その変異は酵素の失活（タンパク質が壊れてしまって酵素としての機能を失った状態）を招くので、東アジア人には飲酒の際、血中にアセトアルデヒドが溜まりやすい人が多く、こうした人は「お酒に弱い」ということはすでに述べた。ADH酵素にも活性の異なる変異があって、どうやらこのADH酵素を

図6. エタノール代謝

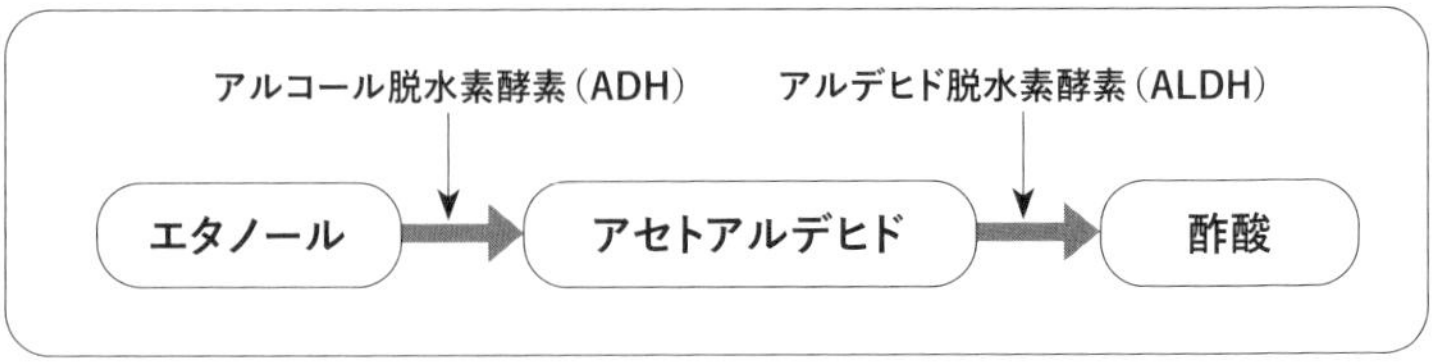

コードする*ADH*遺伝子には、かなりはっきりとした自然選択がはたらいたらしい、という話を次にしたい。

*ADH*遺伝子ファミリーは生化学的特徴にもとづき5つのクラス(I〜V)に分類される(132ページの図7a、b)。遺伝子ファミリーとは、種をこえて進化的にファミリーを形成している遺伝子のことだ。この「ファミリーを形成している」とは、同じ染色体上にかたまって存在しているという意味ではない。同じ染色体上でかたまって存在していることは、「クラスターを形成している」という。「ファミリーを形成している」とは、多くの場合、生化学的特徴を共有していることを指す。ファミリーを形成している遺伝子は、クラスターを形成している場合が多い。しかし、同じファミリーに分類される遺伝子でも、クラスターは形成していない場合も、ごく普通にある。前出のアルデヒド脱水素酵素をコードする遺伝子ファミリーがそうで、ファミリーを形成しているが、それぞれ別々の染色体上にあり、クラスターを形成していない。

ヒトゲノムには、クラスⅠ *ADH* 遺伝子が3個（*ADH1A*、*ADH1B*、*ADH1C*）と、クラスⅡ〜Ⅴ遺伝子が1個ずつ、計7個存在し、4番染色体上でクラスターを形成している（図7a）。

マウスの *ADH* 遺伝子も5つのクラスに分類でき、生化学的特徴を共有している。つまり、ヒトとマウスの間でそれらは進化的につながっていることを意味する。なので、*ADH* 遺伝子はファミリーを形成しているといえるのだ。しかしマウスでは、それぞれのクラスに分類される遺伝子の数はヒトのそれと異なる。前述のように、ヒトのクラスⅠは3個あるが、マウスでは1個だ。一方、クラスⅤに関しては、ヒトは1個だけれど、マウスでは3個ある（5a、5b、5ps、5psは「偽遺伝子／pseudogene」といって機能を失っている）。つまり、同じファミリーに分類される遺伝子でも、種によって役割が少しずつ異なるので、種間で遺伝子の数や性質に違いがあるのだ（図7b）。

ヒトではクラスⅠ、Ⅱ、Ⅳに含まれるＡＤＨ酵素がエタノール代謝に関する活性をもつ（図7b）。つまりエタノールの酸化を触媒する（促進する）はたらきを担っている。クラスⅢ（ＡＤＨ５）はエタノールよりホルムアルデヒドに対する活性の方が高い。クラスⅤ

※4　ＡＤＨとＡＬＤＨ２の他にシトクロムＰ４５０（ＣＹＰ）などがエタノールの代謝に関与する酵素である。

図7a. *ADH*遺伝子ファミリーの分類

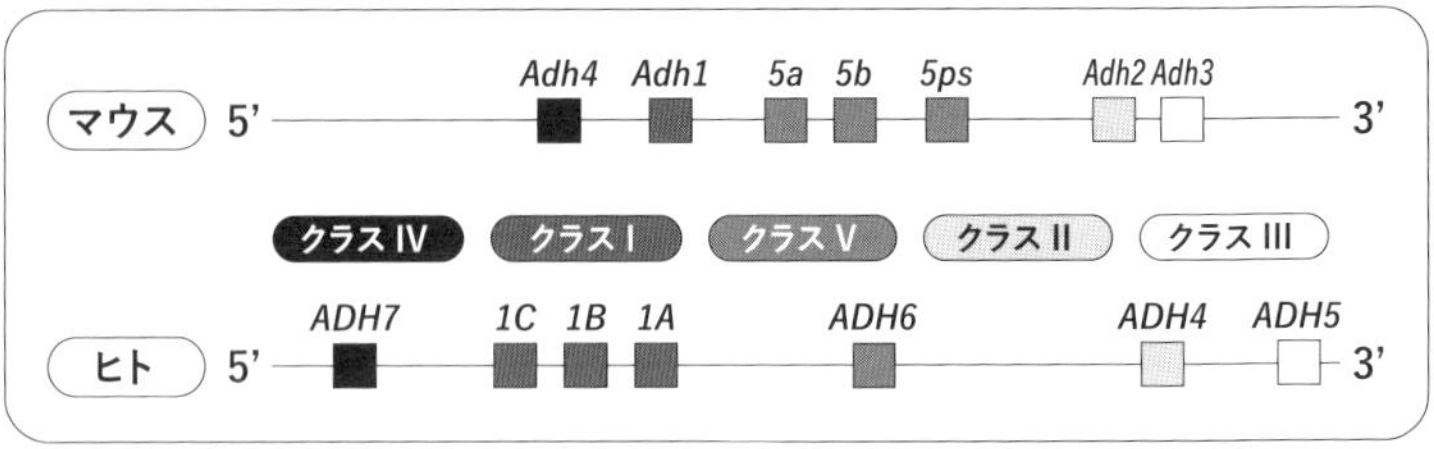

図7b. ヒトとマウスにおけるADH遺伝子ファミリーの発現組織一覧

クラス	ヒト			マウス	
	遺伝子名	酵素（主要な基質）	発現している組織	遺伝子名	発現している組織
I	*ADH1A* *ADH1B* *ADH1C*	α（エタノール） β（エタノール） γ（エタノール）	肝臓（β＞α＆γ） 腎臓（β＞α＆γ） 胃（γ＞α＆β） 小腸（γ＞α＆β） 皮膚（γ＞α＆β）	*Adh1*	肝臓、副腎、小腸で高レベル発現 腎臓で低レベル発現 卵巣、子宮、精嚢でも検出
II	*ADH4*	π（エタノール）	肝臓	*Adh2*	肝臓とわずかに腎臓
III	*ADH5*	χ（ホルムアルデヒド）	赤血球を含む全ての組織	*Adh3*	全ての組織
IV	*ADH7*	σ（レチナール）	胃	*Adh4*	胃、 食道、皮膚で発現 卵巣、子宮、精巣で低レベル発現
V	*ADH6*	不明（未単離）	mRNAs は胃と肝臓で発現が認められる	*Adh5a* *Adh5b* *Adh5ps*	不明

図8. 遺伝子重複

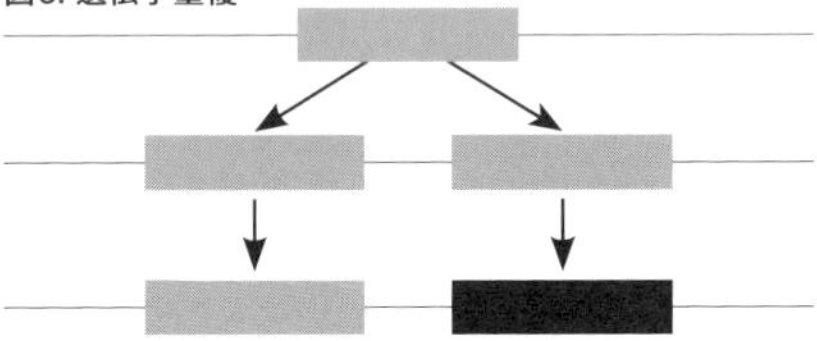

「遺伝子重複」も「ゲノム変異」の一種だ。生殖細胞が作られるとき、1個しかなかった遺伝子を誤って2個にしてしまうようなエラーが起きることがある。この現象を「遺伝子重複 / gene duplication」といい、「遺伝子重複」によって新しく生まれた遺伝子を「重複遺伝子 /duplicated gene」という。1個だった遺伝子が2個になると、つまり同じものが2個もあると生存にとって不利にはたらくのが普通なので、その多くが集団から消えてなくなっていく。しかし、有利でも不利でもなければ、同じものが2個ある状態で子孫へ伝えられていく。そして世代を重ねる中に、変異が蓄積し、2個の別々の遺伝子へと進化していく（図の3列目）。生化学的特徴が少し異なる酵素をコードする遺伝子が、同じ染色体上で並んで存在（クラスターを形成）することになる。

(ADH6)の機能は不明で、ここではスルーする。7個の遺伝子は塩基配列が互いに非常に似ている。*ADH*遺伝子ファミリーは、進化の過程で複数回の遺伝子重複(図8)によって生じたと考えられている。ちなみに、*ALDH2*遺伝子は12番染色体に位置していて、*ADH*遺伝子クラスターがある4番染色体とは異なる染色体上に位置している。つまり物理的に独立している。また、*ALDH*遺伝子ファミリーに分類される遺伝子は19個以上、ヒトゲノムでは同定されていて、このうち11個の遺伝子産物がアルデヒドを酸化する活性を持つ。その11個のうち、ALDH2がアセトアルデヒドに対してもっとも高い親和性を示す。

ヒトのクラスI ADH酵素に話をもどそう。3個の酵素(ADH1A、ADH1B、ADH1C)は、酵素学的にはαサブユニット、βサブユニット、γサブユニットと呼ばれていたもので、これらは2個のサブユニットで1組としてはたらく。ALDH2は4個1組ではたらく四量体であったが、クラスI ADHは2個1組ではたらく二量体なのだ(図9)。そして、βサブユニットとγサブユニットには、それぞれアミノ酸配列が少しだけ違う2~3種のタイプが見つかっている。たとえばβサブユニットでは、β_1、β_2、β_3が知られていて、もちろんDNAの塩基配列レベルでそれらは区別されている。

ADHの二量体は、同じサブユニットどうしでも、異なるサブユニットどうしでも形成される。つまり、$\alpha\alpha$、$\beta\beta$、$\gamma\gamma$という二量体だけでなく、$\alpha\beta$、$\alpha\gamma$、$\beta\gamma$といった二量体も作る。さらに、これらに多様性があり、$\beta_1\beta_1$、$\beta_1\beta_2$、$\beta_1\beta_3$、$\beta_2\beta_3$、などの二量体が作られうる。これらはエタノールを酵素反応の対象とした場合の酵素活性が、若干異なる。微妙に活性が違うタイプがヒト集団では存在する。そんな中で、特に*ADH1B*遺伝子の特定のタイプが、東アジアで頻度が高いのだ。

上記のβ_1とβ_2の違いは、ADH1B酵素の47番目のアミノ酸残基が、アルギニン（Arg）かヒスチジン（His）か、の違いだ。β_3は、また別の場所に違いがある。アフリカ大陸のヒト集団では、ほとんどアルギニンで、東アジア以外の地域での平均でいえば、47番目がヒスチジンのADH1B酵素は、25％未満である。ところが、東アジアでは59％より高い頻度を示している。47番目がアルギニンのタイプよりもヒスチジンのタイプのADH1B酵素の方が、高活性である。つま

図9. ADH酵素の構造

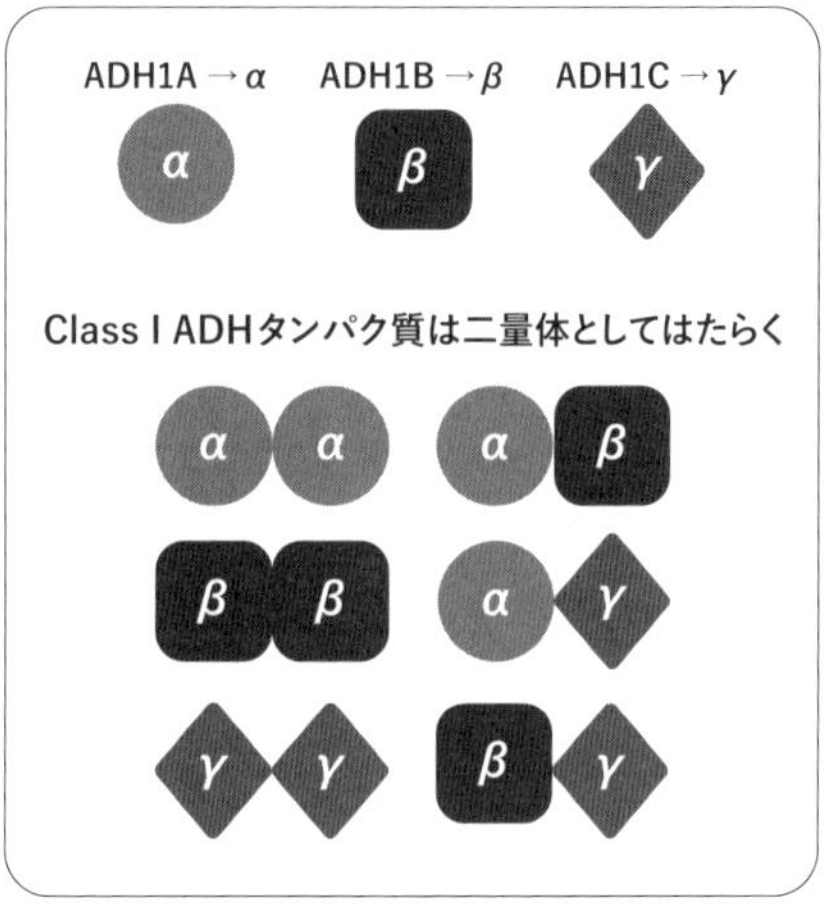

り、東アジアでは、アルコール摂取時に、エタノールをより迅速に分解するタイプの方が、頻度が高い、ということになる。

これは一瞬、ALDH2とは逆に思えるので、ややトリッキーに感じるかもしれない。お酒に弱いとは、アルコール（エタノール）を分解する能力が低いと思われがちだけれど、そうではなく、アルコールの分解能力はむしろ高いけれど、アセトアルデヒドを分解する能力が低い、という2段階でお酒に弱いという体質が生まれている。ADH1BでもALDH2でも、どちらも、東アジアで頻度が高い（ALDH2の場合は東アジアにしかない）多型があって、どちらも、アルコール飲料の摂取時に、血中のアセトアルデヒド濃度を上げるタイプが、東アジアでは高い頻度を示している、ということになる。

繰り返しになるが、アセトアルデヒドはヒトにとって強毒だ。特定の個人の体のことを考えたら、できるだけ迅速に代謝してしまう方が身のタメだ。しかし、どういうわけか、東アジアではエタノール代謝に関連する2種類の酵素において、アセトアルデヒドの血中濃度を上昇させるタイプの頻度が高いのである。ここまでくると、偶然では説明できない気がしてくる。

観察された〝自然選択〟の痕跡

ケンの研究室で私が指導をまかされていた大学院生のハン・イが、筆頭著者となって、クラスⅠ *ADH* 遺伝子クラスターに自然選択がはたらいていた証拠を示す研究論文を発表した。その内容は、4番染色体のクラスⅠ *ADH* 遺伝子クラスターのある領域で、選択的一掃（selective sweep）という現象の痕跡を見つけた、という話であった。

選択的一掃とは、ようするに自然選択がはたらいたことを意味する。ある変異に関して、その変異をもつ個体に生存にとって有利になる自然選択（これを「正の選択／positive selection」という）が起こった場合、その変異を含むゲノム領域が、正の選択を受けた集団において、均質化するという現象だ。ちょっと難しいので、たとえ話をすると、あるとき教室で、特定のキャラクターが流行ったとする。たとえばあるキャラクターがめちゃくちゃ流行った場合、教室の机の上に置かれる筆箱が、ほとんどそのキャラクターになってしまった、のようなことが起こる。ここでいう「均質化」とはそういうことだ。生存にとって有利にはたらく変異が出てくると、その変異が「流行ってる」みたいになって、集団中

図10. 組み換え（シャッフリング）によって生じる多様性

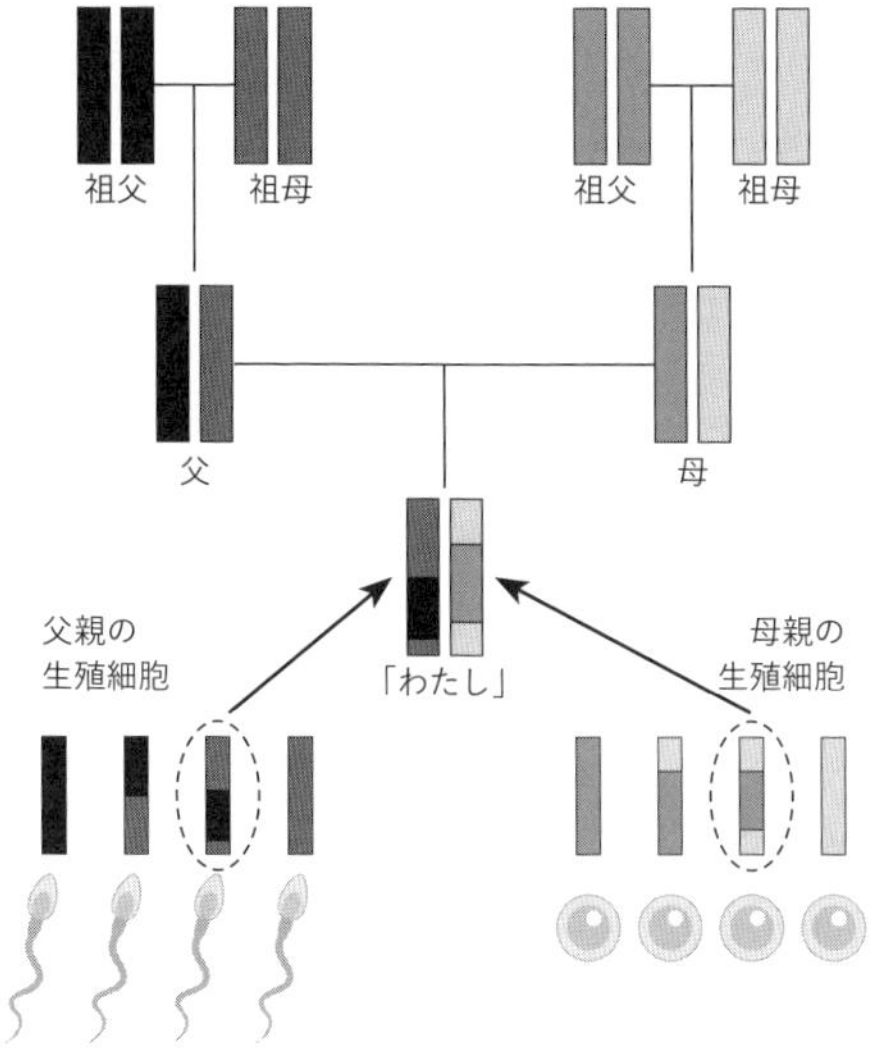

「わたし」のもつ遺伝情報は、父親と母親から半分ずつ受け継いでいる。この父親と母親の遺伝情報は、それぞれの父親と母親（「わたし」から見たら祖父と祖母）の遺伝情報を混ぜ合わせたものだ。図では「わたし」が生まれる直前の状態を、一番下の「父親の生殖細胞」つまり精子と「母親の生殖細胞」で表現している。「母親の生殖細胞」の場合、3個の「極体」と1個の「卵子」ができるので、本来は「父親の生殖細胞」よりやや複雑であるが、ここでは単純化している。遺伝情報を混ぜ合わせるプロセスを「組み換え」という。どのような割合で遺伝情報が混ぜ合わされるのかは、偶然によっている。一つひとつの精子や卵子がもつ遺伝情報は、このようにそれぞれ異なっている。どの精子とどの卵子が受精するかも、基本的には偶然によって決まる。このように「わたし」の遺伝情報は、4人の祖父母の遺伝情報を「組み換え」により混ぜ合わせたものである。

でその変異ばかりになる。そういう現象だ。選択的一掃（selective sweep）が、「一掃（sweep）」と呼ばれる理由は、集団中でその変異ばかりになるだけでなく、その変異の周辺もいっしょになって均質化してしまうからだ。ホウキで掃いたように、お互いの違いがなくなってしまう、というイメージが「一掃（sweep）」という言葉で表現されている。

各世代で、生殖細胞が作られる際に組み換えが起こるので、一定の確率で、有利な変異をもつ領域も、組み換えによるシャッフリングが起こる（図10）。しかし、最初の個体から受け継いだ有

図11. Selective Sweep / 選択的一掃

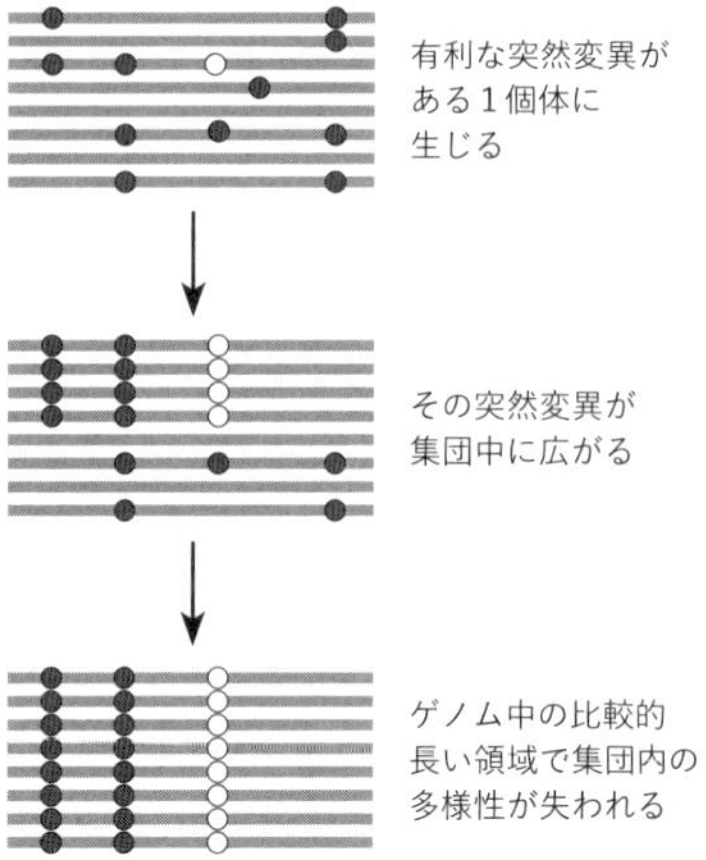

有利な突然変異が
ある１個体に
生じる
その突然変異が
集団中に広がる
ゲノム中の比較的
長い領域で集団内の
多様性が失われる

この図は「選択的一掃／selective sweep」という現象を、ごく単純化して説明しようとしている。横の線は染色体を表している。つまり、８本の染色体を図示している。なんでもよいが、たとえば４番染色体の特定の領域だけを切り抜いて、図示していると思ってほしい。本当はヒトは相同な染色体を２本ずつもっているけれど、ここでは簡略化するためにひとり１本で表現している。ごく単純化するために８人だけだけれど、これを集団と想定している。横の線上の濃いグレーの丸は中立変異を表している。一方、白い丸は有利な変異を表している。つまり、あるとき４番染色体に有利な変異が生まれた場面が一番上の図だ。２番目の図では、その有利な変異が集団中に広がる様子を表現している。有利な変異が集団中で頻度を増す。それにつられて、同じ染色体上の中立変異（有利な変異ではない変異）も増えているのに着目してもらいたい。結果的に、この有利な変異を含む比較的長いゲノム領域が、多様性を失い、均質化していることを一番下の図が表している。

利な変異の周辺領域が、組み換えによるシャッフリングを受ける前に、子孫の数を急速に増やした場合、その集団では、有利な変異をもつ領域が均質化するのだ（図11）。この現象を選択的一掃といい、ゲノムの一定領域が均質化し、頻度を増している状態が観察された場合、正の選択が起こった証拠といえる。

　ふつう、ヒトのゲノムは、変異を蓄積し、集団中で一定の多様性を持っている。前述のように、ほとんどの変異は生存にとって有利でも不利でもない中立変異である。中立変異が点在する中、たまたまある変異が、その集団を取り巻く環境に適応的だったとしよう。そうすると、その有利な変異を持つ個体は、子孫をより多く残す確率が高くなり、次世代でも、その有利な変異の周辺領域は、子孫をより多く残した個体と同じ塩基配列となる。

　2000年代のはじめ頃、まだ塩基配列を読む方法（シークエンシング法）は、[※5]サンガー法（Sanger method）がメインで、現在は一般化している[※6]次世代型シークエンシング（next generation sequencing：NGS）が普及する以前だったので、ハン・イは、ヒト4番染色体の*ADH*遺伝子クラスター（約37万文字）全体をカバーする54個のSNPをタイピングし、クラスⅠ*ADH*遺伝子の特に*ADH1B*遺伝子を中心とする領域で、かつて東アジアの集団で選択的一掃が起こったことを示した。つまり正の選択の証拠が見つかった。

　私たちの論文が出版されてからおよそ10年後、日本の理化学研究所のグループが、2千

※5　サンガー法(Sanger method)：DNAの塩基配列を読むことを「シークエンシング」という。サンガー法は、フレデリック・サンガーが発明したシークエンシング法のこと。ジデオキシ法とも呼ばれる。DNAの材料であるデオキシ・ヌクレオチドという偽の材料を混ぜることにより、塩基配列を読む方法。21世紀になって、次世代型シークエンシング法が登場する以前に、もっとも普及していたシークエンシング法がサンガー法である。

※6　次世代型シークエンシング(next generation sequencing：NGS)：21世紀になって、塩基配列を「より早く」「より安く」読む方法の研究が進んだ。つまり「サンガー法の次の世代のシークエンシング法」として開発された複数のシークエンシング法を次世代型シークエンシング（NGS）と呼んでいる。

人以上の日本人の全ゲノム配列をシークエンスし、詳細な解析を行った。このシークエンシングには、NGSがもちいられた。NGSは、迅速に、より安価にDNAの塩基配列を読む技術である。その結果、*ADH* 遺伝子クラスター、*ALDH2* 遺伝子、MHC領域で、過去2千〜3千年の間に正の選択が起こったシグナルが検出された。つまり、私たちのSNPタイピングによる原始的な解析結果は、追認されたのである。

MHC（主要組織適合遺伝子複合体：major histocompatibility complex）領域とは、免疫反応に重要な役割を果たすタンパク質をコードする遺伝子領域だ。免疫反応は、ダイレクトに外界と関わる生体反応なので、一般に、自然選択と関係があることが多い。しかし、*ADH* や *ALDH2* を含むゲノム領域が、正の選択を受けたという統計学的な結果に、生物学的な説明を加えることは、なかなか困難だ。いったい何がヒトの歴史で起こったのだろう？　とりわけ東アジアで……。これは、今でも謎であり、私が研究室を主宰するようになってからも、ズ〜ッと持ち続けている研究テーマだ。

“お酒に弱い”は“何かに強かった”のかもしれない

世界37集団（１９６５人）について調べても、やはり東アジア人からしか見つからなかった、という結果を発表した今から10年前の論文でも、私たちは、あまり証拠はないものの、*ALDH2*遺伝子座にも東アジアにおいて正の選択がはたらいた可能性を議論した。「お酒に弱くなる変異が、どう有利にはたらいたのか？」という問いに対する答えとして、当時用意できた回答は「血液に感染する寄生体に対する防御機構としてはたらいたのではないか」というものであった。

この問いに対する仮説は他にも提唱されてきている。たとえば、先述の理化学研究所のグループは「お酒に弱い方が癌《がん》になりにくく、生存にとって有利にはたらいているのではないか」と考察している。あるいは、社会習慣として、お酒に弱い人がいる方が、何らかの理由で生存や子孫を残すことに有利にはたらくのではないか、という文化面から説明する研究者もいる。

ただ、癌が死因の上位に来るのは、ごく最近（太平洋戦争以降）なので、正の自然選択を受ける期間として短過ぎるのではないかなあ、というのが、私の感想だ。また、文化的な面から、たとえばお酒に弱い人の方が異性から好かれる傾向にある（こういうのを性選択という）と考えるのは楽しいが、そういう理由で正の自然選択が統計学的な数値として現れるほどになるかなあ、という気もする。やはり、生き死にに関わるような問題でなければ、統計的に有意には出ないのではないかと。

しかし、私たちの仮説も「ほんとかな？」というあまり強い根拠のあるものではない。いちおう論文の中では可能性のある寄生体として、赤痢アメーバを挙げた。赤痢アメーバは、ヒトに感染する原虫の一種だ。これは単純に血液に感染する寄生体というアイデアで、まったくの空想から出てきた回答だ。ただし、私ひとりの空想ではなく、似たようなことを言っていた先達《せんだつ》はいた。

アルコール代謝と遺伝的多型の関係について研究をしていたGoldmanとEnochは、1990年に出版した総説論文で、この「寄生体感染に対する防御機構としてお酒に弱い変異が東アジアで広まった」という空想的仮説を提示している。アメーバ赤痢の治療薬としてもちいられるメトロニダゾールという抗原虫剤は、ALDH2酵素の阻害剤としてはたらく。したがって、メトロニダゾールを投与された患者は、ちょうどお酒に弱い変異を持つ人と同じように、顔面紅潮を示す。つまり、その生理反応から、メトロニダゾール投与時には血中のアセトアルデヒド濃度が上昇するとGoldmanとEnochは想像し、メトロニダゾールが、さまざまな嫌気性菌や微好気性菌に対して効果的であることからも、アセトアルデヒドが高血中濃度になることが、病原性の寄生体の増殖を抑制するのでは、と、考えた。

赤痢アメーバに対する抵抗性という空想はともかくとして、正の選択に、病原体への抵抗性が関連しているケースは、他にもある。有名なものとしては、鎌状赤血球が挙げられる。鎌状赤血球貧血症は、アフリカ大陸の特に西岸で頻度高く見られる疾患だ。

血液細胞の一つである赤血球の内部は、ヘモグロビンというタンパク質で充満している。ヒトのヘモグロビンは、「ヘム」という鉄を含む分子が結合したαグロビンとβグロビンという2種類のタンパク質で構成されており、それぞれ2個ずつ、合計4個のサブユニットでヘモグロビンを構成している。ヘム1分子が酸素1分子を運ぶことができるので、1個のヘモグロビンが酸素4分子を運ぶことができる。このβグロビンを作る*HBB*遺伝子に変異が生じると、穴のあいていないドーナツのような形状の赤血球が、農機具の鎌（というか三日月）のような形になってしまう。これは、ヘモグロビンが正常な4個のサブユニットの構造ではなく、αグロビンとβグロビンが棒状につながった構造になってしまうために起こる変化だ。

酸素を運ぶことが役目の赤血球が、扁平な穴のあいていないドーナツのような形状をしているのは、この形状が柔軟性に優れていて、細い血管の中までも、酸素を届けることができるからである。しかし、鎌状赤血球は柔軟性がなく、血管内を移動するのに不便で、壊れやすい。このため、赤血球が不足しがちになり、体の隅々に酸素を運ぶことが困難になり、結果、貧血症になりやすい。

この*HBB*遺伝子の変異がヘテロ接合体（両親からの一方が変異タイプ）の人は、通常は無症状であるが、標高が高い場所など低酸素状態に身を置くと重度の貧血となる。さらにホモ接合体（両親からの両方ともが変異タイプ）の人は、日常生活に支障をきたす疾患をもち、命の危険につながる場合がある。

ところが、この変異をもっていると、生存にとって有利になる場合がある。感染症に対する防御機構としてだ。鎌状赤血球をもつ人は、マラリア原虫に感染しにくい。マラリアは、蚊を媒介とした感染症で、発症すると死に至ることも稀ではない。マラリア原虫に感染しにくい変異は、そうした抵抗性のため、生存にとって有利なのだ。

いわばトレードオフである。鎌状赤血球をもつ人は、貧血症になりやすいというリスクを持つ一方、マラリア原虫には感染しにくく、この点では生存にとって有利である。マラリアの感染頻度が高い地域では、マラリア原虫には感染しにくいという有利さが、貧血症になるリスクを上回って、集団中でのこの変異の頻度を増加させる。こうした現象が、アフリカのヒト集団を中心に観察されていて、人類遺伝学の教科書にも載っている。

お酒に弱い、という遺伝的変異は、何かに強かったのではないか？　それは、何かはわからないけれど、何らかの感染症と関連するのではないか、と考えることは、鎌状赤血球の変異の例を思い起こせばそれほど馬鹿げた空想ではない。十分に検証するに値する仮説だ。それでは、東アジアでは、お酒に弱いことが、何に強かったといえそうなのだろうか？

稲作農耕との関わり

ケンの研究室の研究員・フイ・リは、たくさんの中国国内の地域集団のDNA試料を持ち込んで、*ADH1B*や*ALDH2*のお酒に弱い変異の頻度分布を調べた。すると、飲酒時に血中のアセトアルデヒド濃度が上昇する変異は2種類とも、中国南部、揚子江（長江）の下流域あたりに高頻度に分布する特徴を示した。その分布は、中国南部を中心として同心円状に広がる特徴も、2個の遺伝子で共有しており、また、日本列島にその分布が広がっている点でも共通していた。この頻度分布のパターンは、次の可能性を強く支持する。すなわち、中国南部で正の選択が、これら2個の遺伝子にはたらいたという可能性だ。

2個の遺伝子に生じた変異の誕生したタイミングは、異なっていそうだ。何度も言うように*ALDH2*の変異は、東アジアにしか存在しない。しかし、*ADH1B*の変異は、実は、アフリカ大陸にも存在する。そして、西アジアでも、そこそこ高い頻度を持っている。ところが、前出のハン・イが*ADH*遺伝子クラスター全体をカバーするSNPを調べた結果から正の選択のシグナルである選択的一掃は、西アジアのヒト集団では検出されず、東アジアのヒト集団のみで検出されることが明らかになった。

*ADH1B*の変異はアフリカ大陸にも存在し、*ALDH2*の変異は東アジアにしか存在しないので、*ADH1B*の変異はアフリカ大陸で誕生し、ホモ・サピエンスが、アフリカ大陸からユーラシア大陸に進出し、拡散する過程で、東アジアで正の選択を受けたと考えられる。一方、*ALDH2*の変異は、節約的に考えれば、東アジアで誕生し、正の選択を受けたと考

えられる。中国南部で高い頻度を示しているので、どちらも正の選択を受けた中心地は、中国南部と考えるのが、おそらくもっとも節約的だ。

中国南部、長江下流域で何が起こったのか？　そして、その影響が日本列島まで及んでいるのは、何を意味するのか？　私は直感的に「稲作農耕と関係があるのかもしれない！」と思っている。

中国の稲作遺跡として、長江下流域の浙江省、約7千年前の河姆渡《かぼと》遺跡がある。これが最古かというと、長江中流域の稲作の開始の方が古いとも聞くが、いずれにしても、長江流域を起源としていると言って大きな批判は受けないだろう。血中のアセトアルデヒド濃度を上昇させる遺伝的変異を持つ人が多く存在する地域は、ちょうど稲作農耕が始まった地域と重なっている。お酒に弱い変異が正の選択を受けたことと、稲作農耕と、何か深い関係があるのではないか？　そういう直感だ。

仮説の上に仮説を重ねてはいけない。「お酒が弱い変異と稲作農耕の関係」という私の直感は、科学ではなく妄想である。ただ、全ての妄想や空想を禁じてしまうことは、想像力の翼をへし折ってしまうことにつながる。想像力の翼なくして科学は発展しない。ときに、妄想や空想を膨らませることも必要だと私は考えている。

それ以前の狩猟採集生活から、農耕を始めたことにより、人々を取り巻く環境は劇的に変化した。これは、アジアだけでなく、ヨーロッパでも同様であったろう。地域ごとの特異的な事象を多く含んでいることは間違いないが、総じて起こったと考えられることは人口の増加だ。これは、現在の狩猟採集民の集団サイズ（人口）が、農耕民のそれと比べて小さいことからも想像できる。農耕が始まって以降、ヒトはやたらと増えた。

人口が増えたことで、大きく変化したことがさまざま考えられる。もちろん社会の仕組みが変化しただろう。狩猟採集社会よりも、さらに集団の統制が必要な農耕社会では、権力の集中が起こっただろう。権力者は男性が多かったので、狩猟採集時代には比較的男女平等であった社会が、父系社会になったと考える研究者もいる。

こうした社会的な変化だけでなく、生物学的な変化もあったに違いない。農耕が始まったことで、それ以前の狩猟採集をしていた頃よりも、米や穀類から得られる炭水化物をより多く摂取するようになっただろう。それにより、腸内細菌も変化した可能性も考えられる。

風景も変わった。田園風景というと自然をイメージするが、水田は非常に人工的な改良がなされた土地だ。農耕が発達することで、自然環境も変化しただろう。もしかしたら、それに伴って、人間の住む環境に潜むウイルスなどの病原体も変化したかもしれない。

これらは全て検証すべき課題であるが、ちょっと考えただけでもたくさんの変化が思い付く。狩猟採集社会から農耕社会へ変化することは、人類史の中でも指折りの画期であったといえる。東ユーラシア大陸では、現在の中国の南部、長江の中流域あるいは下流域で稲作が始まった。この革命は、人の社会や文化だけでなく、ヒトの生物学的特徴にまで影響を与えたと考えられる。

私の研究室の助教・小金渕佳江は、東アジアで頻度が高いことが知られる変異について、これまでにゲノム解読がなされた縄文人個体では、どんな遺伝子型をもつか、調べた。もちろん、*ADH*遺伝子クラスターや*ALDH2*遺伝子についても調べた。予想通り、縄文人たちは、お酒に強いタイプをもっていた。稲作農耕が伝わる前の日本列島に住んでいた狩猟採集民の縄文人には、どうやら、お酒に弱いタイプはいなかったようだ。おそらく、現代日本人の3割くらいがもつお酒に弱いタイプの変異は、3千年前に東ユーラシア大陸から日本列島に渡ってきた人々から受け継いだのだろう。結論が出たわけではないが、私たちの予想は、今のところ大きく外れていない。本書92ページの「コラム」でお話しした伊川津の縄文女性も、お酒に強いタイプであった。

中国南部で、エタノール代謝におけるアセトアルデヒドの血中濃度を上昇させる変異が、高い頻度で長江下流域あたりを中心に同心円状の頻度分布を形成している。そして、その地域で稲作農耕が始まった。この2つが、まったく関係なかったと考えるより、何か関係あったと考える方が、私には自然に感じられるのだ。

縄文人の糞《ふん》石を求めて

若狭《わかさ》歴史博物館の鯵本《あじもと》眞友美さんと私は、初対面であるにもかかわらず、ウンコについて語り合っていた。若狭湾に面する三方五湖の一つである三方湖に、はす川が注ぎ込んでいる。その河口近くに鳥浜貝塚はある。この水辺に近い縄文遺跡は、大量の糞石が発掘されたことで知られている。糞石とは、糞便の化石である。化石といっても、恐竜の化石のように有機物が無機物に置き換わってしまったような、完全に石になった化石ではない。まだ豊富に有機物を含んでいる。

鳥浜に住んでいた縄文人のウンコは、なぜか大量に残った。私は「なぜ残ったんでしょう?」と鯵本さんにたずねた。鯵本さんの説明はこうだった。糞石は、縄文人の住居があっ

た と思われる場所に近い泥炭層の地層から発見されていた。そこには木の杭《くい》のようなものの残骸があった。おそらく、水辺といっても沼地に近い場所に居を構えていた鳥浜の縄文人たちは、その沼のような場所に木の杭を2本刺し、その2本の杭に両足をかけ、沼をトイレのようにして用を足していたのではないか。

泥炭は野草や水草など植物が水中でバクテリアにより分解され、泥のようになって堆積したものだ。イギリスのスコットランド北部では、この泥炭を乾かし、燃料として使う。これをピートという。スコッチウイスキーを作る際、大麦を水に浸して発芽させる。発芽した大麦が麦芽である。その麦芽を、ピートを燃やして乾燥させ、成長を止める。モルト（大麦麦芽）ウイスキーのスモーキーな香りはこのピートの香りである。

でも、お酒に弱い私は、あまりウイスキーのようなアルコール度数の高い蒸留酒は飲まない。せいぜい蒸留前の麦酒であるビールを飲むくらいだ。福井から東京へ戻った私は、ビールを飲みながら考えた。鳥浜の水辺にあった泥炭はピートになるか？　おそらくならないだろう。泥炭は普通の土より含まれる酸素の量が極端に少ない。それで泥炭層に沈んだ生物遺物は、無酸素状態で保存され、普通に土中に埋まった生物遺物よりも保存状態が良いのではないか。縄文人のウンコもそうした理由で泥炭層に保管され、糞石になったのだろう。

私は縄文人の糞石からDNAを取り出して分析することを考えていた。縄文人のウンコには、その本人のDNAが含まれる他に、その人が食べた物のDNAや、腸内細菌のDNAが含まれている。これらの遺伝情報を得ることができれば、縄文人の健康状態のみならず、彼らを取り巻く衛生環境に関する情報も得ることができるかもしれない。そんなわけで、鯵本さんから10個の糞石をあずからせてもらった。

糞石DNA分析の歴史

これまでに南アメリカ大陸に棲息《せいそく》していたオオナマケモノやニュージーランドのモアなどの糞石からDNAが抽出され、彼らの食物が調査されてきた。1990年代から始まった糞石DNA分析はヒトに関しては先史アメリカ先住民の研究が有名だけれども、世界的にも報告例は極めて少ない。糞石そのものが珍しいことと、分析してみてもDNAが残っていないことが多いのが、その理由だと思う。

糞石DNA分析の難しさは、その糞石を〝排せつした生物〟が不明である場合が多い点も挙げられる。形状や発見された環境から、その糞石を排便した生物をたとえば「オオナマケモノ」と推定して分析を始めるわけだけれど、その推定が正しいとは限らない。もちろん、糞石にDNAが残っていれば、そのDNAのうち一部は排便をした生物のDNAなので、オオナマケモノのDNAが検出されれば、排便した生物がオオナマケモノである可能性が高い。しかし、もしかしたら「オオナマケモノを食べた別の生物の糞」かもしれない。その生物の糞石でもオオナマケモノのDNAは検出されてしまう。こうした難しさが糞石DNA分析には常につきまとってしまう。

糞石DNA分析の研究報告が、非常に少ないのは、こうした原因にもよるのだろう。しかし、もし「当時の南アメリカ大陸にはオオナマケモノを食べる捕食者があまり存在しなかった」という古生態学データがあれば、そのDNAはオオナマケモノが食べた物から得られた可能性が高くなる。このように、糞石DNA分析は、もし成功した場合、古生態学データなどさまざまな情報と組み合わせることで、より多くの情報を得ることが期待できる。

縄文人の糞石ゲノム解析を目指す

近年、ヒトの腸内細菌叢《そう》（フローラ）のゲノム解析は、非常にさかんに行われ、多くの論文が出版されている。腸内細菌の種類とその構成比は多様で、ゲノム情報を網羅的に調べることにより、被験者の腸内に棲《す》んでいる細菌の種類と構成比を明らかにすることができる。この「細菌の種類と構成比」が被験者の健康状態をモニタリングする鍵となる。腸内フローラのゲノム解析は「メタゲノム解析」と呼ばれ、医学的な目的で国内外の大規模プロジェクトとして進行している。

しかし、ウンコを材料として、生きている人の摂食物をゲノム解析で調べる研究は、非常に少ない。野生動物については報告があるが、人のウンコを材料とした研究は、ほとんど見つからない。おそらく、相手が人であれば、何を食べたかインタビューして聞けば情報が得られるので、わざわざゲノム解析などという大げさなことをする必要がないからだろう。

というわけで、古代人の糞石から古代人の食べていた物を調べる研究も極めて少ないが、それどころか、生きている人の糞便から食べた物を調べる研究もほとんどない。私たちの研究グループは、糞石だけでなく、糞便から抽出したＤＮＡから食べた物を推定する研究もスタートさせた。

まず、その糞石が、本当にヒトのウンコなのか？　ということを調べる必要がある。このためには、生きているヒトのウンコからＤＮＡを抽出し、糞石を分析するのと同じ方法でゲノム解析を行い、それがまぎれもなくヒトのウンコであり、イヌのウンコではないことを示すことができる確証が得られなければならない。つづいて、その糞石がまぎれもなくヒトのウンコだとして、そのウンコに含まれる食べ物っぽいＤＮＡが、本当にその人が食べたことによってそのウンコになったのか、今生きているヒトのウンコでも示されなければならない。

これは少しわかりにくいかもしれないが、たとえば、糞石からマメのＤＮＡが検出されたとする。しかし、糞石が発掘された周辺の土壌からもマメのＤＮＡが検出されたら、それは、単にそこら辺に自生していたマメ科の植物のＤＮＡで、古代人が食べていたから検出されたわけではなく、たまたま残された糞便の周りにマメ科の植物が生えていただけかもしれない。したがって、糞石が発掘された周辺土壌のゲノム解析を行う必要がある。

さらに、今生きているヒトがマメを食べたとき、そのヒトのウンコにマメのＤＮＡが確実に検出されるか、確認する必要がある。どれくらいの量を食べたとき検出され、どれくらいだと検出されないのか、3日前に食べたマメは検出されるのか、それとも1日前でないと検出されないのか、も確認する必要がある。

古代人がマメ科の植物を栽培していたなら、マメを常食としていたかもしれない。たまたま見つけたマメを食べたのか、それとも常食としていたのか、糞石DNAのデータから区別するには、今生きているヒトのウンコでテストを繰り返す必要がある。

こうした予備実験を膨大に行うことでデータを蓄積し、糞石ゲノム解析を行えば、そこから得られるデータから、縄文人の健康状態や衛生環境の理解に結びつく。それは、私たちが現代において「生活」と呼んでいるものだ。縄文人の生活を知る上で、糞石ゲノム解析は、絶大な威力を発揮することが期待される。

縄文時代は1万6千年前頃からスタートし、3千年前頃まで続いた、狩猟採集社会である。そして約3千年前、東ユーラシア大陸から日本列島へ稲作農耕が伝えられた。これが弥生文化の始まりである。縄文人はどのように農耕を受け入れていったのか？　食生活は、急激に変わったのか？　それとも、実はあまり変化しなかったのか？　糞石から寄生体のDNAが見つかれば、彼らがどのような感染症にさらされていたのかも理解が進む。もしかしたら、縄文人はお酒に強いタイプであった理由が分かるかもしれない。さらに、いまの日本列島に住む人々や中国の南の地方に住む人々に、なぜお酒に弱いタイプが多く存在するのかも分かるかもしれない。狩猟採集生活から稲作農耕生活への転換は、彼らの生理、健康、衛生環境をどのように変化させたのか？　それが分かることで、ホモ・サピエンスの多様性の本質を見ることができるかもしれないとまで思ったりしている。

図3の略語の説明

略語	内容
MXL	メキシコ系アメリカ人（アメリカ・カリフォルニア州ロサンゼルス）
ASW	アフリカ系住民（米国南西部）
PUR	プエルトリコ人（プエルトリコ）
CEU	北欧および西欧の祖先を持つユタ州居住者（CEPH）
GBR	イギリス人（イングランドおよびスコットランド）
FIN	フィンランド人（フィンランド）
PJL	パンジャブ人（パキスタン・ラホール）
CHB	漢民族（中国・北京）
JPT	日本人（東京）
CLM	コロンビア人（コロンビア・メデジン）
PEL	ペルー人（ペルー・リマ）
ACB	アフリカ系カリブ人（バルバドス）
GWD	ガンビア人（マンディンカ西部）
IBS	イベリア人（スペイン）
TSI	トスカーナ人（イタリア）
BEB	ベンガル人（バングラデシュ）
GIH	グジャラート系インド人（テキサス州ヒューストン）
ESN	エサン人（ナイジェリア）
MSL	メンデ人（シエラレオネ）
YRI	ヨルバ人（ナイジェリア・イバダン）
LWK	ルイヤ族（ケニア）
ITU	テルグ人（英国）
STU	スリランカ系タミル人（英国）
CDX	ダイ族（中国・西双版納）
KHV	キン族（ベト族）（ベトナム・ホーチミン）
CHS	南漢民族（中国）

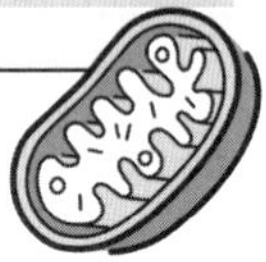

第3章

アズキはどこで生まれたのか

——植物遺伝学で読み解く縄文時代の食文化——

内藤 健
農研機構遺伝資源研究センター 上級研究員

別にアズキが日本で生まれたのかどうか知りたいわけではなかったのだけれど

『鳥類学者だからって、鳥が好きだと思うなよ。』という煽《あお》りの利いたタイトルの著作があるが、私も「アズキの研究者だからって、アズキが好きだと思うなよ」と煽ってみたい。たしかに私はアズキの研究者だが、アズキに対して変態的な愛を抱いているわけではない。小倉餡《あん》が大好きだとか、より高品質で高収量なアズキ品種を育成したいとか、そういう動機でこうなったわけではない。今もこのヤポネシアゲノムプロジェクトで「アズキの起源が日本なのか、どうなのか」を明らかにするための研究に携わってはいるが、別にこの仕事が私にとって最も大事な研究テーマだというわけではないのである。

「じゃあ何でアズキなんてやってんだよ?」と、読者のみなさまは思われることであろう。私がアズキの研究者になったきっかけは、実はものすごく邪《よこしま》なものだ。今からさかのぼること12年前、私はアメリカのジョージア大学でポスドク（博士号を獲得した者の多くが経る修行中の身分。この3~5年程度の任期の間に挙げた成果次第で将来が決まる、とよく言われるが、逆転もあり得ないわけではない）をしていた。当時からポスドクという言葉にはネガティブなイメージが抱かれつつあったが、当の私は「研究するだけで給料がもらえるなんて、こんな素晴らしいことがあるだろうか」と思っていたクチだ。それはさておき、当時の私はアメリカでの生活も5年近くとなり、それなりに注目される成果を挙げたこと、また当時付き合っていた嫁さんと遠距離恋愛だったこともあって、そろそろ日本に帰りたいと思っていた。それで日本国内の研究職の公募が出ていないかネットで検索したわけだが、まず目にとまったのが京都大学の特任助教だった。当時の私の研究テーマは博士論文から発展したものだったので、自分の出身ラボに戻ればその研究テーマを継続して行うこともできる。毎年まとまった研究費ももらえるという魅惑のポストだったので、文句なしの第一希望だ。嫁さんがいるのも京都シティだ。これはもう完璧じゃないか……と思ったのだが、研究力よりも人間力を重視するタイプの面接で撃沈した（少なからず傷ついた）。2つ目の候補、すなわち滑り止めとして応募したのが現所属の任期付研究員であった。募集要項には「アズキの遺伝学研究ができる人」と書かれていたが、それを見て私は思ったのである。「そういえばアズキの研究報告なんて、これまでの自分の研究生活の中では見たことも聞いたこともないな」と。それで、論文検索システムを使ってアズキに関する研究論文がどれくらいあるのか探してみると、91件しかヒットしなかった（2010年当時）。え、少なくない？　と思ってダイズの研究論文を検索すると1万8千件がヒットするではないか。その差、実に200倍である。私はニヤリとした。これはダイズ研究の二番煎じで論文を書けてしまうと。オリジナリティが大事だとか、インパクトのある成果を出せとかうるさく言われる昨今だが、知ったことではない。地味だろうが何だろうが、任期である5年の間に論文を稼いで、嫁さんのいる関西にポストを得る。そしたらアズキの研究なんておさらばよ。それが私の描いた邪なプランであった。もちろん、書類や面接ではそんな〝真の動機〟などおくびにも出さず、アメリカでの研究業績と建前の志望理由をアピールしまくった結果、こちらは採用された。アズキのことを踏み台としか考えていないアズキ研究者が誕生してしまった瞬間である。

だが、出勤初日に私の運命を変える出来事が発生した。邪ではあったがやる気には満ちていた私が出勤すると、上司の友岡憲彦《のりひこ》博士が温室を案内してくれると言う。はい、と言われるままについていくと、ビニルハウスの中でたくさんの植物が栽培されている。そして友岡さんが右側を指差しながら言う。「この列に植えられている植物は全部同じ種です」と。その言葉に私は衝撃を受けた。そこには20系統ほどの植物が植えられていたが、お互いに見た目が全然違ったのである。もちろん蔓《つる》が伸び葉っぱがついているところは同じだが、葉っぱ一つとっても丸いものから針のように細長いもの、あるいは切れ込みの入ったものまである。蔓の伸び方もさまざまで、支柱に巻き付いているものもあれば、水平方向に直線的に伸びているものもある。節間の長短、枝分かれの多少も含め、パッと見の形態だけでここまで違うのに、種としては同じ……だと……？　これらはそれぞれ異なる環境に生えていたのですかと訊《き》くと、友岡さんはそうだと言う。ならば、こういう形態の違いは自然選択の結果と考えるのが妥当だ。[※1]呆然となった私に満足げな表情を浮かべながら、友岡さんは隣の列に植わっている植物の説明を始める。いわく、これは別の種だけど海岸の砂浜に生えている（えっ）、これもまた種は違うけど乾燥した砂漠のような場所に生えている（ええっ）、これは石灰岩の岩の上に生えている（もう言葉が出ない）……等々。「全部アズキの仲間ですか」「全部アズキの仲間です」と。だったら、と私は言った。「だったら、ゲノム読むしかないじゃないですか、こんなの」。

ゲノムとは生き物の設計図である。血液型がA型だったりB型だったり、目の色が黒かったり青かったりするのは、それぞれ設計図であるゲノムのどこかに違いがあるからだ。植

※1　詳しくは章末のコラム（211ページ）を参照。

物でも同じことで、設計図が部分的に書き換わってしまう（突然変異という）ことによって、色や形や大きさに違いが生まれる。逆に言えば、設計図を読み解くことで、姿形の違いや環境への適応能力の違いが進化したのかを理解することができる。ゲノムを読む、とはそういうことなのだ。私の言葉を聞いた友岡さんは、言った。「そう言ってくれる人を待っていました」と。

何ということだ。赴任した初日に全部ひっくり返ってしまった。任期の5年間は地味な研究を積み重ねることになると思っていたのに、私が17のときに抱いた青臭い夢がよみがえってしまうではないか。夢というのは、劣悪な環境でも栽培できる作物を開発して食糧問題を少しでも改善したい、という本当に青臭い夢だ。そんな夢を抱いて農学部に進学した私だったが、大学・大学院で身に付いた専門的な知識が増えれば増えるほど、それがいかに難しいことであるかを悟らざるを得なかった。そしていつしか、役に立つかどうかより、単純に面白いことを追いかけていけばいいんじゃないかと思うようになっていた。そんな私の目の前に、文字通り劣悪な環境で生きている植物が現れたのである。こういう野生植物の力を使えば、劣悪な環境で育つ作物を作れるのではないかと、私は思わずにはいられなかった。5年経ったらアズキなんかやめて関西に帰る？　冗談じゃない。これこそ私のライフワークとなるべき研究テーマではないか。これまでの研究で培ってきた知識やスキルも、そして京大の面接で落とされたことさえも、この「アズキの仲間の野生植物」に出会うためだったのだ、という気さえしてきてしまう。「ごめん、関西に帰るわけにはいかなくなった」と、その日の晩に私は嫁さんに電話したのだった（いちおう翌年に入籍はしたが、嫁さんは嫁さんでその後アメリカに留学した）。

まずはアズキのゲノムを読むことにした

さて、賢明なる読者諸氏はすでに薄々気づいておられることと思うが、私が研究したいのはアズキの仲間であって、アズキに対する興味の薄さは相変わらずである。とはいえ、まずもってアズキの研究をしなさいというミッションの下で採用された身分ではあったので、とにかくアズキの研究に取り組まなくてはいけない。何より、アズキの仲間というのは世の中のほとんどの人にとってはただの雑草である。そんな雑草のゲノムを読みたいと言ったところで、草生えるｗｗｗ（注：ネットスラングで嘲笑するときに使われる言葉）

とか言われることはあっても、理解されることはまずない。仮にあったとしても、お金が出てこないのは間違いない。ならば、まずはアズキのゲノムを解読すればいいのではないか。その実績があれば、アズキ研究の発展としてアズキの仲間のゲノムを読むことも認められるだろう。

というわけで、（私の頭の中で）アズキゲノムプロジェクトが始まった。まだ私が大学院生だった頃は、ゲノムプロジェクトと言えば国家的な研究プロジェクトだった。ヒトゲノムプロジェクトには15年で30億ドル（≒3兆円）という資金が注ぎ込まれたし、イネゲノムプロジェクトも10年で５００億円というちょっと想像できないスケールである。だが、私が学位を取得した頃にとんでもない技術革新が起きて、ＤＮＡの塩基配列を決定するコストが驚くほど下がり、それまでは１００億円が必要だったプロジェクトでも、1千万円くらいでできるようになった（今ならもう１００万円以下でできる）。さらに幸いなことに、アズキのゲノムを読むということに関しては上司の上司（河瀬眞琴博士。当時の遺伝資源センター長）が大いに理解してくれて、必要な資金の半分は出してくれることになった。マジですか。本当にアズキゲノムプロジェクトが始まってしまった瞬間である。

とはいえ、さすがに私ひとりでアズキゲノムを解読するというのはいくら何でも無理がある。スパコンを使いこなせるプロが必要だ。誰か協力者を探さなくては……と思っていたところ、隣の部署に坂井寛章《ひろあき》という名の、アメリカ出向から戻ってきたばかりのバイオインフォマティシャン（生物情報学者。実験生物学者にとってはマジシャンのような存在である）がいるという。帰国したばかりならこれからの研究計画に余白があるかも知れない（大抵の研究者は常に両手いっぱいのプロジェクトを抱えてしまいがちだ）ということで、私は彼を捕まえて自分の計画のすべてを話した。まずはアズキゲノムを、そしてその次に本当に面白いアズキの仲間たちのゲノムを、という話だ。素晴らしいことに、坂井は乗り気になった。これで準備が整った、と思って計画書を書き始めた翌日、坂井から悪い知らせが届く。曰《いわ》く、せっかくとても楽しみな提案をもらったのに上司の許可が下りない、と。ならばその上司を説得すればいいのだなと思ったが、何をどう説明してもウンと言ってくれなかった。後から噂で聞いたところによると、坂井の上司は「坂井が内藤にだまされてるんじゃないか」と本気で心配していたらしい。だますって何やねん！　どういう世界を生きてきたらそういう疑いが出てくるようになるねん‼　とツッコミを入れたいところだが、普段の私の大げさな立ち居振る舞いが人に要らぬ警戒心を抱かせることがあるのは事実である。くそっ、人間力で京大の面接を落とされるわけだぜ……という話はさておき、とにもかくにも、アズキのゲノムを読むには坂井の力が絶対に欠かせない。しかし、自分があの上司を説得できる見込みはゼロに等しい。このままでは埒《らち》が明かないと思い、自分の上役である河瀬センター長に相談してみることにした。その結果、「上から話を通してみるか」というわけで、河瀬センター長→坂井の上司の上司→坂井の上司という経路で話を通してもらうことになった。結果、拍子抜けするくらいあっさり許可が出たのである。人の心を動かすには真正面から真正直に訴えるのがいちばんだと信じて疑うことのなかった私が、通すべきルートを通さなければ通らない話があることを思い知ったのであった。ともかく、ここから私と坂井の二人三脚が始まったのだ。

ゲノム解読の壁

「次世代シーケンサー」という言葉を聞いたことがあるだろうか。先に「とんでもない技術革新によってＤＮＡの配列決定に掛かるコストが大幅に下がった」と書いたが、その技術革新で開発されたのが次世代シーケンサーだ。

ここで、次世代シーケンサーの話をする前に、ゲノム解読について説明しておく必要があるだろう。ゲノムというのはA、C、G、Tの4種類のDNAがつながった長大なポリマーである（ポリマーとは、同じ分子が連なった高分子のことをいう。デンプンはブドウ糖（グルコース）のポリマーであり、タンパク質はアミノ酸のポリマー、そしてゲノムはDNAのポリマーというわけだ）。ヒトのゲノムは一直線上に伸ばすと約1・8mにもなる。ゲノムを解読するとは、このDNAポリマー中のACGTの配列を決定することだ。理想を言えば染色体の端から端までを一度に読み切ってしまいたいところだが、そんな芸当を成し遂げることは不可能なので、より現実的な手法が取られる。その手順は以下の通りだ。

❶ゲノムDNAを切断して断片化する。

❷断片化されたDNAの塩基配列を決定する。

❸決定されたDNA配列同士の重なり合いを探してつなぎ合わせる。

ヒトゲノム計画では、とにかく❷の操作が大変で、それこそ世界中の研究機関が手分けして、それぞれ何十万、何百万というDNA断片の塩基配列を決定していた。お金が掛かるわけである。ところが、次世代シーケンサーは、たった一度機械を動かすだけで、❷を数千万〜数億回繰り返したのと同じだけのデータを生み出してしまうのだ。とんでもない技術である。

しかしこのとんでもない技術にも、弱点はあった。一つひとつのDNA配列が短いのである。短いと何がいけないのか。例をもとに説明しよう。ACGTの記号ではイメージしにくいと思われるので、思い切って「おむすびコロリンすっとんとんコロリンコロリンすっとんとん」という28文字の文字列で説明する。これがとあるゲノムのDNA配列だったと思って欲しい。そして次世代シーケンサーによって得られる文字列の長さが3文字分だったとしよう。「おむす」「むすび」「すびコ」「コロリ」……などだ。この3文字ずつの文字列の重なり合いをつなぎ合わせて、もとの28文字の文字列を再構築できるかというと……できない。「おむすびコロリン」まではうまくいくが、その次に来るのが「リンコ」なのか「リンす」なのかが、原理的にわからないのである。ちなみに上記の例ではたった28文字の中に「コロリン」や「すっとんとん」といった文字列が繰り返し登場しているが、実際のゲノム配列はもっと酷《ひど》い。似たようなDNA配列が何千回・何万回と出てくるのだ。

ゲノム	おむすびコロリンすっとんとんコロリンコロリンすっとんとん
ショートリード	おむす　っとん　コロリ むすび　とんと　ロリン すびコ　んとん　リンす びコロ　とんコ　ンすっ コロリ　んコロ　すっと ロリン　コロリ　っとん リンす　ロリン　とんと ンすっ　リンコ　んとん すっと　ンコロ
ロングリード	おむすびコロリンすっとんとんコ コロリンすっとんとんコロリンコ すっとんとんコロリンコロリンす んコロリンコロリンすっとんとん

図1. ゲノム解読のプロセスを仮名文字でたとえる。断片配列の長さが長いほど、再構築は容易になる。一方で、断片が短すぎると重ね合わせでは解けない場所が出てくる。

アズキも含めて植物のゲノムは特にこういう繰り返し配列が多く、それらがゲノムの50~80%を占めるといわれる。したがって、次世代シーケンサーを使ったゲノム解読では、この繰り返し配列に相当する領域のかなりの部分を決定できないままとなってしまう。次世代シーケンサーの登場によって多くの生物のゲノム配列が解読されてきたが、実際には少なくない未解読領域を放ったらかしにした状態で「○○のゲノムを解読しました」という宣言がなされてきたのである。

そして我々のアズキゲノムもまた、同様の問題に直面した。我々としては、他の研究グループが良しとしているレベルで満足したくはなかったし、頭の中にはうまくパズルを解くためのアイデアもあった。だが実際には、そのアイデアによって見事に問題が解決することはなかったのである。結局、シーケンサーが読み出す一つひとつの配列の長さが長くならないことにはどうにもならなかったのだ。

第3の男、現る

あきらめかけていた頃、別の同僚から飲み会に誘われた。曰く、「沖縄県でブタのゲノム解析をやってる人が、面白そうな人がいたら連れて来いって言ってんだよね。あんたちょうどいいでしょ」って何だそりゃ。まあしかし面白そうな人と言われて悪い気はしない。誘われるまま指定された店に行ってみると、同僚と一緒に60代も半ばを過ぎた爺さんが座っていた。この爺さんこそがアズキゲノム最後のキーパーソン、平野隆博士である。

平野さんは産業技術総合研究所を定年退職したあと、沖縄県の沖縄綜合科学研究所の技術総監をされているという。闊達《かったつ》で人を自分のペースに巻き込む(あまり人の話を聞かない)

タイプの人だ。自己紹介もほどほどに、「あなたのことを面白い人だと聞いていますが、どんな面白いことをやっているのですか」と聞いてきたので、私も鞄《かばん》から資料を出しながら「よりによって雑草なんてやろうとしてるんですよ、でも雑草ってヤバいんですよ、コレとかソレとかアレとか、どうです面白いでしょ（ドヤァ）」的なアピールをしたんだが、これを気に入ってくれたらしい。

「実は沖縄県には研究に使えるお金がたくさんありましてね。ウチはロングリードシーケンサーを持っているんですが、少し枠が余ってましてね。これを使ってゲノムを読むのにふさわしいものを探していたんですよ」

「え……ちょっと待ってください、もしかして」

「ウチでアズキをやりませんかということです」

ロングリードシーケンサー。何とも美しい響きである。いやまあ名前の響きはともかく、これまた多くの生物研究者の度肝を抜いた技術革新の賜《たまもの》であった。何せ、次世代シーケンサーが世に出てから10年もしないうちに、それを超える代物が出てきてしまったのだから。ロングリードシーケンサーの何がすごいかって、それは名前の通り、読み出せる断片配列の長さが長いのである。先に挙げた「おむすびコロリン」の例で、3文字ずつしか読めなかったところが、15文字ずつ読めるようになったと考えてみて欲しい（図1）。もとの配列の再構築なんて誰にとっても朝飯前になってしまうだろう。当然費用は割高になるのだが、「出世払いでいいよ（平野）」と、バブルが崩壊してから久しく耳にすることのなかった言葉で応えてくれた（ちなみに、私はまだ出世していない）。

旗振り役の内藤、データ解析の坂井、そしてロングリードシーケンサーを有する平野。この3人が揃《そろ》ったことで、アズキゲノムプロジェクトはついに完了した。

余談

同僚の誘いで平野さんと会ったときに「正式に沖縄でアズキをやるためには手続きも必要だ、だからまずは沖縄綜合科学研究所まで来て欲しい、そこでプロジェクトの説明などをしてもらいたい」と言われていたので、私はさっそく坂井とスケジュールを合わせて沖縄へ飛ぶことにした。すると、羽田から乗り込んだ飛行機に平野さんも乗っていた。おお、ちょうど良かった。那覇空港から沖縄綜研まではかなり離れていて、バスだと2時間以上掛かる。一緒に移動できれば幸いだ、などと思っていたら、平野さんは飛行機を降りるや否や「私は自分の車なので、お先に」と言い残してさっさと行ってしまった。ああっ……そこに乗せてもらえると期待してたんですけど……という私の希望を伝える余裕もなく、もう見えなくなっている。仕方なく坂井とレンタカーを借り、沖縄綜研を目指したのだった。しかしバスが遅いからとレンタカーに変えたところで、実は大して早くはならないことを知る。沖縄本島は完全な車社会で、幹線道路の渋滞たるや酷いもんなのである。結局2時間近く掛けてようやく着いたと思ったら、中のスタッフさんから衝撃の事実を知らされた。

「あの……つくばから来られた内藤さんですよね？」

はい。いやもう沖縄ってこんな渋滞するんですね！　平野さんはもう着いてはります？

「その平野の伝言で、内藤さんがここに来たら、沖縄県庁の知事室まで来るように伝えて欲しいとのことで」

え……沖縄県庁の？

「知事室に」

それはつまり、もしかして。

「那覇です」

今この2時間掛けてきた道のりを、戻れと？

「……そういうことに」

ちなみに平野さんはここには来られなかったんでしょうか。

「さっき来て、すぐに行ってしまいました」

ちょっとくらい待てへんのかーい！

嘘だろ……とはいえ平野さんはもはや我々にとってスポンサーだし、沖縄県庁はスポンサーのスポンサーである。行かないわけにはいくまい。というわけで再び2時間掛けて戻り、知事室で挨拶をさせられ（ポロシャツで。最初からそういう話を聞いていればスーツで行ったっつーの）、それが終わると「じゃあ沖縄綜研で」と平野さんはまたさっさと行ってしまった。元気すぎるだろ……って、我々もこれからあらためて沖縄綜研まで行かなくてはならないのである。移動だけで6時間。もう一日がほぼ終わっているではないか……まさかこんな目に遭うとは思わなかったと、ヘロヘロになった私と坂井に、スタッフの方が申し訳なさそうに「お疲れ様でした」と声を掛けてくれた。

いつもあんな感じですか？

「いつもあんな感じです」
食い気味の返事であった。やれやれ、これからしばらく苦労しそうだなと思った内藤であった。

そして本題へ

以上が本稿の前置きである。賢明なる読者の方々、すまんかった。私がここで書かなければいけないのは、「アズキの起源がどこか」という話なのであった。とはいえ、2万字も書かないといけないのである。「解説記事ではなくて、研究現場の体験を書いてください」という編集担当者さんの言葉を真に受けて、前置きを相当引っ張ってしまった。アズキゲノムの解読後、私は予定通りにアズキの仲間の方の研究に本格的に取り掛かり、貴重な発見をしたり大問題に巻き込まれたりといろいろあったのだが、さすがにその話を始めると戻って来られなくなる予感があるので、別の機会に取っておくとしよう。

さて、アズキである。少なくともアズキを中心に据えて研究をするつもりのなかった私が、アズキの栽培起源を探る研究にかかわってしまったのはなぜか。答えは簡単、斎藤成也先生である。2018年の進化学会で、私が知り合いと立ち話をしているところへ、斎藤先生がやって来て言ったのである。「ヤポネシアゲノムというプロジェクトを開始したので、日本人に関わるゲノム研究を募集しているので応募してください。ヒト以外でも、日本に関わる動植物だったら大歓迎です。でもイネはもういいので、他の作物のゲノムをやってる人はいませんかね、アズキとか！」と。その場にいた全員が私を指差し、逃れられなくなってしまった。ジ・エンドである。

とはいえ、私もアズキの起源にまったく興味がないわけではなかったのだ。自分からやろうという気にはならなかっただけのことで。

アズキの祖先

すべての作物は、自然の状態でそうなっていたわけではない、ということはご存知であろうか。図2のように、現代の作物と、そのもとになった祖先植物とを比べればその違いがわかるだろう。人類が数千年〜1万年くらいの時間を掛けて自分たちに都合のよいものを選抜し続けた結果、ここまで変わってしまったのである。1万年というと長い時間に思

作物の祖先種と栽培種の違い

図3. ヤブツルアズキ（左）と栽培アズキ（右）。違うでしょう？（著者撮影）

（あずきミュージアム提供）

図4. ヤブツルアズキの植物体（左）と栽培アズキ（エリモショウズ）の植物体（右）

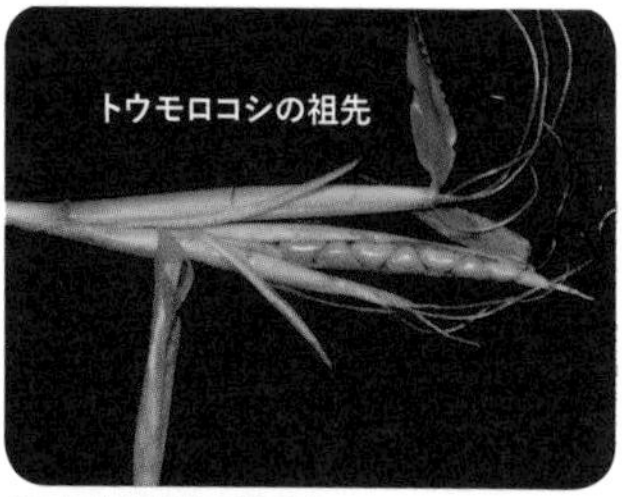

（国立科学博物館提供）

（筑波大学提供）

図2. 作物の祖先種と、そこから人類が選抜に選抜を重ねて栽培化した作物の例。トウモロコシは元々堅い殻に種子が覆われていたものから殻が退化して実も多くなったものが選抜されていった。トマトは大きく、甘く、有毒物質や青臭さの少ないものが選抜されていった。

えるが、自然の進化では1万年でここまで劇的に形が変わってしまうことはあり得ない。人類による選抜とは、それくらい強烈な効果を生むのである。特にトマトやメロンなど、果実を利用するものの変化たるやとんでもない。果実1つあたりの体積が、千倍くらい違うのだから。もちろん、果実がデカくなった分、1本の木にできる果実の数は少なくなるが（その分収穫の手間が省ける、というのも作物の重要な特徴だ）。

アズキもまた、現在の栽培アズキと祖先アズキを並べて、それが同じ種であると信じられる人は少ないだろう。たしかにマメはマメなのだが、色は黒いし、何より小さい。トマトの果実で見られたほどの違いではないが、マメ1粒の重量は栽培アズキの5分の1ほどしかない。「5千年前の人類はこんなん食ってたの？」というレベルだ。また栽培アズキと祖先アズキとでは、草の形も違う。基本的に栽培アズキの植物体は、茎がしっかりしていて自立する。対して祖先アズキは蔓性で、他の植物など支柱になるものに巻き付きながら伸びていく。見比べてみると、よくもまあここまで変わるものだと思う。自然選択で起きる変化もすごいが、人為選抜で生じる変化もまた驚異的である。

アズキの祖先は今の日本にも普通に生えている

ちなみに、その気になれば祖先アズキは簡単に見つけられる。特に日本海側だと水田地帯の用水路の脇に死ぬほど生えている。太平洋側だと低地よりも山間に多いが、神社のまわりを探すと見つけやすい。どうして神社なのかと思われるだろうが、多分、水が湧くところに神様が祀《まつ》られることが多いからだろう（知らんけど）。何にせよ、上記のような場所で秋口に渦を巻いた黄色い花を探せば見つけられると思う。「ヤブツルアズキ　花」でGoogleの画像検索を掛けたスマホの画面を片手に握りしめておけば完璧だ。

とはいえ、現代にはヤブツルアズキに興味がある人などまずいない。いや興味以前に知りもしないだろう。大多数の現代人の認識の中では、「草」という大雑把なカテゴリーの中に沈んだ存在なのだ。フィールド調査のときには通りがかりの人に訊いたり訊かれたりすることもあるのだが、「知ってる、知ってる、あそこにいっぱい生えてるよ！」という素晴らしい返事が返ってきたことは一度もない。草刈りをしている人に実物を見せながら

「こういうマメ見たことないですか」と訊いても「んー、見たことねえなあ」と答えるその人が今まさに刈り取ろうとしている草がヤブツルアズキだったこともある。私は叫んだ。「それそれそれ！　めっちゃ生えてるやん!!　ちょっと待って、タネだけ取っていい？」と。そうやって刈り取られてしまうくらい生えている、ということではあるのだが。

アズキをめぐる言語学

すまない、言語学というのは少し盛りすぎた。ここで言いたいのはアズキの名前の由来である。そもそも漢字では「小豆」と書いておいて、これを「あずき」と読むなんてあまりにも強引だと思ったことがある人は少なくないだろう（まあ多くもないだろうけど）。「大豆」は文字通り「だいず」なのに、なぜ「小豆」は「しょうず」でなくて「あずき」なのか。

実は、「あずき」というのは「やまとことば」なのである。大陸から「小豆」というアズキを意味する漢字が伝わってきた後でさえ、アズキと呼び続けたのだから日本人にとってよほど大切な食べ物であっただろうことが想像できる（主観である）。そしてアズキの語源については、2つの有力な説がある。1つは「あ」は赤を、「ずき」は煮崩れるという意味を表すとする説である。赤くて、かつ他の豆類よりも調理時間が短く済むマメということかも知れない（心の声：しかしアズキの調理に要する時間って……決して短くはないような？）。もう1つは、「あ」は赤、「ずき」は「つぶき（粒木）」が転じたものとする説である。赤い粒のなる植物、は確かにわかりやすいが、どっちかというと前者の方がより有力視されているようだ。いずれにせよ重要なポイントは、どちらの説もアズキのアは「赤色」のアだとしていることだ。つまり、古《いにしえ》の日本人の間にアズキという呼び名が定着した頃には、アズキはすでに赤かったということだ。ヤブツルアズキの種子が黒いことを考えれば、赤いアズキが人為的に選抜されたのは相当に古い時代、それこそ漢字が日本に伝わるより前の出来事だったということだろう。

ここまで考えをめぐらせてみると、なるほどアズキの赤色にもロマンがある、と思ってもらえるのではないだろうか。

アズキをめぐる考古学

さて、ここから急に話は縄文時代の遺跡に飛ぶ。実は最近の考古植物学の世界ではアズキの起源がなかなかにアツい話題なのである。

古代人の遺跡から発掘されるのは、土器や住居跡だけではない。当時の人が食べていたものの痕跡だって出てくるのである。代表的な例は貝塚で、貝殻や動物の骨などの固い組織は比較的残りやすいのでたくさん見つかる。一方、植物は残りにくい。特に、温暖で多湿な日本の気候では微生物の活動が活発で、種子であってもほとんど残らない。ただし、火事に遭ったり、竈門《かまど》の側で炎に晒《さら》されたりして炭化した種子は別だ。炭は微生物分解をほとんど受けないのである。そのようなわけで、遺跡からは当時の人が食べていた植物の炭化種子も見つかる。弥生時代の遺跡からは当然炭化米が見つかるのだが、それより以前、つまり縄文時代の遺跡からも栗、稗、大豆などの種子が多く見つかっている。もちろん、アズキの炭化種子だって見つかっている。

さらに面白いのが、「圧痕」である。今、おそらく読者諸君のほとんどが「なにそれ?」

と思われたであろう。ふふふ、教えて進ぜよう。圧痕とは、「土器に埋め込まれた種子の痕跡」のことである。故意にやったのか、たまたまだったのか、あるいはムシャクシャしてやってしまったのかは定かではないが、おそらく土器製作が炊事にも使われる炉の近くで行われていたせいで混入したのだろうと言われている。理由は、陶器製作が技術者による専業で行われるようになると圧痕も見られなくなるからですってよ（出土品の特徴からそういうことを考えられる考古学者ってすごい）。

そして、多くの縄文土器にこの圧痕が見られるのである。種子そのものは焼いたときに燃えてしまうが、粘土はそのまま固まるので、紛れ込んでいた種子の押し型が残るのだ。ここにシリコン樹脂を流し込むと、あら不思議……いや不思議ではないが、縄文時代に存在した植物種子のレプリカが取れてしまうのである。土器を眺めてるだけだと「何か穴が空いてる」くらいにしか見えなかったものが、この「圧痕レプリカ法」によって植物種子の形や大きさに関する大量のデータに変貌してしまうのだ。形がわかれば、その植物の種類もある程度はわかる。まさにこれぞサイエンス！

そして、この圧痕のデータが「縄文時代の中期〜後期に掛けて、アズキの種子が大きくなっていった」という結論を導いたのである。もちろん炭化種子からも、そういう傾向を

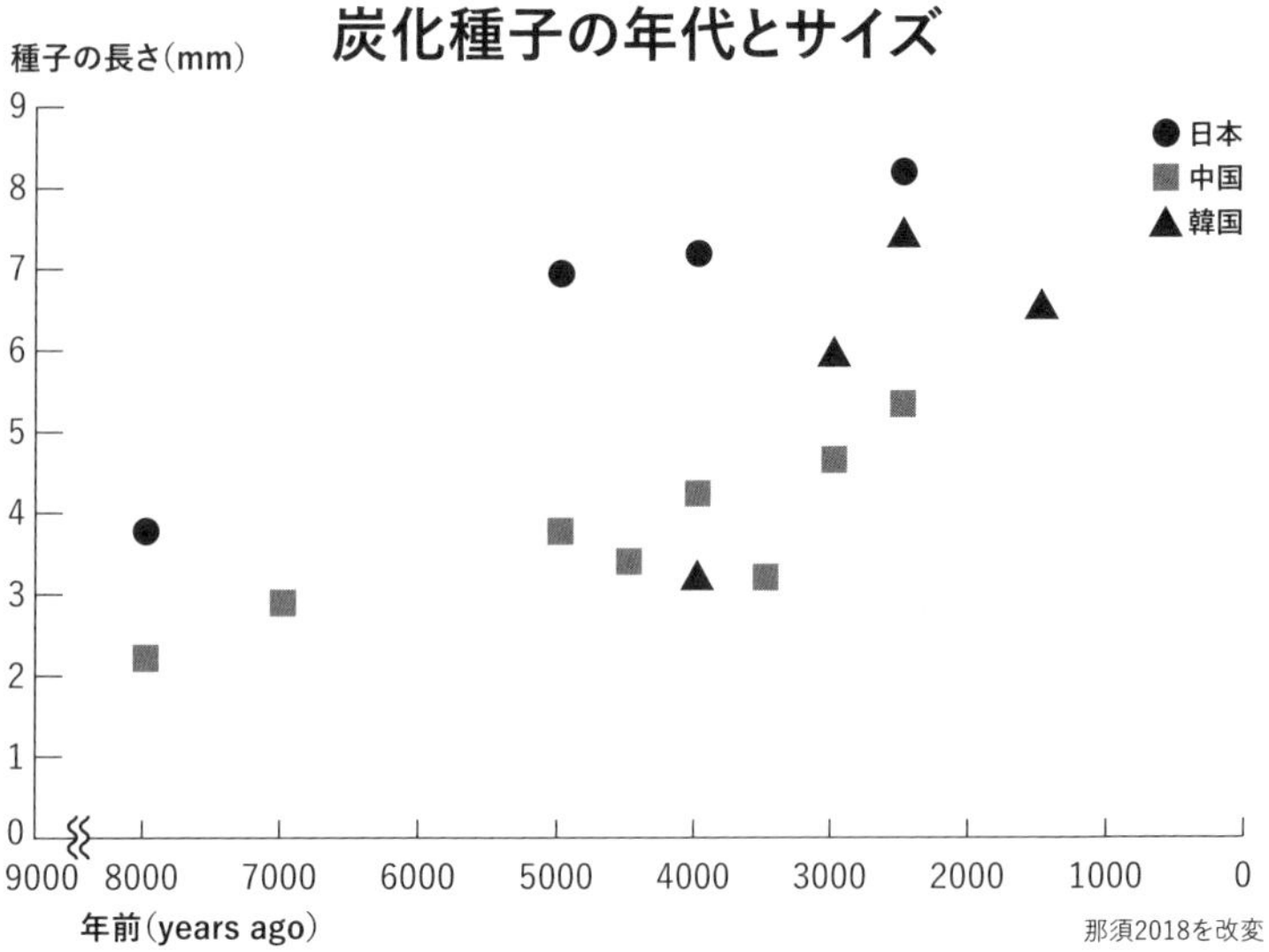

図5. 遺跡から出土したアズキの大きさと、その遺跡の年代の関係。日本人は中国・韓国の人々より先に大きなアズキを食べていたのか？

見て取ることはできる。だが圧痕から得た大量のデータのおかげで、統計的にパワーのある強いエビデンスとなったのだ。そして、この種子の大きさの変化を地域で比較してみると、驚くべきことが明らかとなる。なんと、アズキの大型化は日本で始まったのだ。

図5を見て欲しい。これは遺跡から出土したアズキ（圧痕含む）の大きさの平均値を表したものだ。横軸は何年前の遺跡から出土したものかを、縦軸は種子の大きさ（長軸方向の長さ）を表す。古いものだと8千年前の遺跡からアズキが出るので、この頃にはそこらに生えていたヤブツルアズキを食べ

ていたのだろう。大きさ的にもヤブツルアズキ（3ミリ）と変わらない。ところが、これが5千〜4千年くらい前の遺跡になると、急に倍くらいに大きくなるのである。一方、同時代の韓国や中国の遺跡から出てくるアズキはまだ小さいのだ。3千年くらい前まで時代が進んで、ようやく大陸側のアズキは大きくなってくる。これは大変興味深い事実である。

要するに、ヤブツルアズキを栽培化してアズキに変えていったのは、我々日本人の祖先かも知れないということなのだ。5千年前の縄文遺跡から出てくるアズキは、すでにヤブツルアズキに比べると2倍以上大きい。この違いはさすがに人為選抜によるものだと考えるのが妥当であろう。だとすれば、この時代にはアズキの栽培化が起き始めていたということになる。そして5千年前の段階では、中国や韓国のアズキは小さいままだったので、少なくともより大きな種子を選抜するという行為は起きていなかったと考えられる。ということは、アズキは他の大多数の作物とは異なり、日本列島で生まれた作物だということになるだろう。しかも、日本列島にイネが伝わってきたのは3千年前なので、縄文人はそれよりはるか以前からアズキを栽培して食べていたということだ。いろいろと常識を破壊する圧が強い知見である。アズキの起源にそんなロマンがあったとは！　と私は大変驚いたので、読者のみなさんもぜひ驚いていただきたい。そしてこの話を家族や友人に教えて、皆を驚かせてあげて欲しい。

種子の大きさだけで日本列島がアズキの起源だと言い切れるか

とはいえ、もちろん反論はある。その論拠は、種子の大きさは温度や日照時間などの気象条件による影響を受けやすいという点だ。同じ個体から収穫した種子であっても、いちばん小さい種子といちばん大きい種子とで大きさが2倍くらい違うことなんかザラである。さらに、ある程度までは気温が低い方が種子は大きくなる。「北海道産アズキ使用」と書かれた商品を見たことがある人は多いと思うが、それは北海道の低温だと大粒で甘みのあるアズキが採れるからだ。アズキの立場からすると、北海道はギリギリ生存できる限界であり、もっと暖かいところの方が元気にたくさんの実をつけられるのだが、商品としての価値は下がってしまうのである。世知辛い世の中である。

何の話だっけ。そうそう、アズキの日本起源説に対する反論の話だった。そう、アズキの種子は気温が低いと大きくなる。ということは、当時の日本列島人が、韓国や中国よりも寒い場所で生活していたとしたら? 特に、5千年前のアズキが出てくる縄文遺跡は、北関東の山間の土地である。標高が高ければ、当然気温は低くなる。

心情としてアズキの日本列島起源説を支持したい気持ちは山々だが、この批判を否定するに足るだけの証拠はまだ提出されていない。しかしそれでも擁護はしておきたい。たしかに低温でアズキの種子は大きくなるが、平均値に2倍もの差が出るなんてことはまずない。そして3千年前あたりを境にして、人々の生活拠点は北関東からより温暖な九州へと移ったようだが、その遺跡から見つかるアズキは相変わらず大きい。アズキの大粒化が低温によるものだったとしたら、九州で見つかるアズキは小粒になって然るべきだろう。とはいえ、このような擁護は推論でしかない。もっと決定的な証拠は見つけられないものだろうか。

そこで、ゲノム解析なのだ

ゲノムとは生き物の設計図だが、ゲノムのDNA配列からお互いの類縁関係を知ること

18	19	20	21	22	23	24	25	26	27	28	29	30	31	32	33	34	35	36	37
A	C	A	A	T	A	G	A	A	A	C	T	T	C	T	A	G	T	G	A
A	C	A	A	T	A	G	A	A	A	C	T	T	C	T	A	G	T	G	A
A	C	A	A	T	A	G	A	A	A	C	T	T	C	T	A	G	T	G	A
A	C	A	A	T	A	G	A	A	A	C	T	T	T	T	A	G	T	G	A
A	C	A	A	T	A	G	A	A	A	C	T	T	T	T	A	G	T	G	A
A	A	A	A	T	A	G	A	A	A	C	T	T	T	T	A	G	T	G	A
A	A	A	A	T	A	G	A	A	A	C	T	T	C	T	A	G	T	G	A
A	A	A	A	T	A	G	A	A	A	C	T	T	C	T	A	G	T	G	A
A	A	A	A	C	A	G	A	A	A	C	T	T	C	T	A	G	T	G	A
A	A	A	A	C	A	G	A	A	A	T	T	T	C	T	A	G	T	G	A

もできる。たとえば一卵性双生児だったらお互いのゲノムはまったく同じだし、自分のゲノムは、隣の人のゲノムよりも父親や母親のものの方が似ているはずだ（逆だったら大変だ）。したがって、ゲノム解析で現在の栽培アズキに最も近縁なのは、日本のヤブツルアズキなのか、はたまた中国や韓国のヤブツルアズキなのかを判定することができるはずだ。当然、より近縁なものの方が栽培アズキの直接的な祖先だろうということになり、それらが生息している場所こそアズキの起源地――すなわち昔の人が最初にアズキの栽培を始めた場所――だろうということになる。

しかし、ゲノム解析と言われたところで何をどうするんだという読者さんがほとんどだと思われるので、イメージで理解してもらえるよう努力してみよう。図6に、模式的なアズキゲノムを用意した（本当は5億

	1	2	3	4	5	6	7	8	9	10	11	12	13	14	15	16	17
アズキ1	T	G	A	G	A	A	G	C	A	C	C	A	A	C	A	A	T
アズキ2	T	G	A	G	A	A	G	C	A	C	C	A	A	C	A	A	T
アズキ3	T	G	A	G	A	A	G	C	A	C	C	A	A	C	A	A	T
アズキ4	T	G	A	G	A	A	G	C	A	C	C	A	A	C	A	A	T
アズキ5	T	G	A	G	A	A	G	C	A	C	C	A	A	C	A	A	T
ヤブツル1	G	G	A	G	A	A	G	C	A	C	C	A	A	C	A	A	T
ヤブツル2	G	G	A	G	A	A	G	C	A	C	A	A	A	C	A	A	T
ヤブツル3	G	G	A	G	-	-	-	C	A	C	A	A	A	C	A	A	T
ヤブツル4	G	G	A	G	-	-	-	C	A	C	A	A	A	C	A	A	T
ヤブツル5	G	G	A	G	-	-	-	C	A	C	A	A	A	C	A	A	T

図6. 栽培アズキ5個体と、ヤブツルアズキ5個体のゲノム配列を比較。"–"は該当する箇所の塩基が欠失していることを表す。全長が37塩基と半端なのは筆者が適当に作ったせいであり、素数にこだわったわけではない。

塩基くらいあるのだが、大胆に端《は》折《しょ》らせていただいた）。

さてこの37塩基のゲノム配列を比べてみよう。アズキ1を基準にして、他の個体と順に比較しながら違いをカウントしていくと、

●アズキ1とアズキ2：全く同じ
●アズキ1とアズキ3：全く同じ
●アズキ1とアズキ4：31塩基目の1箇所
●アズキ1とアズキ5：31塩基目の1箇所
●アズキ1とヤブツル1：1・19・31塩基目の3箇所
●アズキ1とヤブツル2：1・11・19塩基目の3箇所
●アズキ1とヤブツル3：1・5〜7・11・19塩基目の4箇所（欠失は1箇所として数える）
●アズキ1とヤブツル4：1・5〜7・11・19・22塩基目の5箇所

●アズキ1とヤブツル5：1・5〜7・11・19・22・28塩基目の6箇所となる（ちなみに、遺伝学ではDNA配列の違いのことを「変異」というので憶《おぼ》えておこう）。つまり、アズキ1といちばん近い関係にあるのはアズキ2とアズキ3、いちばん遠い関係にあるのはヤブツル5、ということだ。同じことを、アズキ2を基準とした場合、アズキ3を基準とした場合……と、個体同士を総当りで比較して、お互い何箇所に違いがあるのかを数え上げていくのである（もちろんパソコンを使って計算する）。そうすると、どれとどれが近い関係にあり、どれとどれが遠い関係にあるのかがわかる、というわけだ。こうして比べてみると、栽培アズキ同士はお互いに近く、ヤブツルアズキ同士も互いに近く、栽培アズキとヤブツルアズキの関係は比較的遠い、ということがわかるはずだ。少なくとも図6に示した例においては、そういうことになる。

世界中のアズキのゲノムを読んだのだ

このような解析を、世界各国から収集してきた何百という栽培アズキとヤブツルアズキのサンプルについて、全ゲノム（5億塩基）にわたって行うのだ。今、読者の中には「世界各国のアズキ？　世界って言うほどあちこちにあるの？」と思われた方がいるかも知れない。たしかにアズキを主要なマメ作物として栽培している国は日本・韓国・中国の東アジア3カ国だが、ネパールやブータンなどの南アジアや、ベトナムやラオス等の東南アジアでも栽培されている。そして祖先種であるヤブツルアズキもまたアジア全域に生えているのである。ヤポネシアゲノムプロジェクトの中で私たちが実施した解析には、日本・中国・韓国・不丹・泥婆羅・印度・羅宇・緬甸・泰・越南から収集したアズキとヤブツルアズキを使った。え、韓国の次からどこの国かわからないって？　ブータン・ネパール・インド・ラオス・ミャンマー・タイ・ベトナムですよ。解析したサンプルは全部で100系統（本当は600系統ほど解析してるけど、いろんな事情によりまだここには書けないのだ）、使った技術はもちろん、次世代シーケンサーである。得られた全系統のDNA配列の結果から、お互いに何箇所の変異があるかを総当りで数え上げていく……その計算量たるや膨大なものだが、文明というのは素晴らしい。コンピュータがあれば数日でできちゃうのである（もちろん、1系統ずつ栽培して、葉っぱからDNAを抽出して、それをシーケンサーに掛けて……という部分はかなりの時間と労力を要するが）。

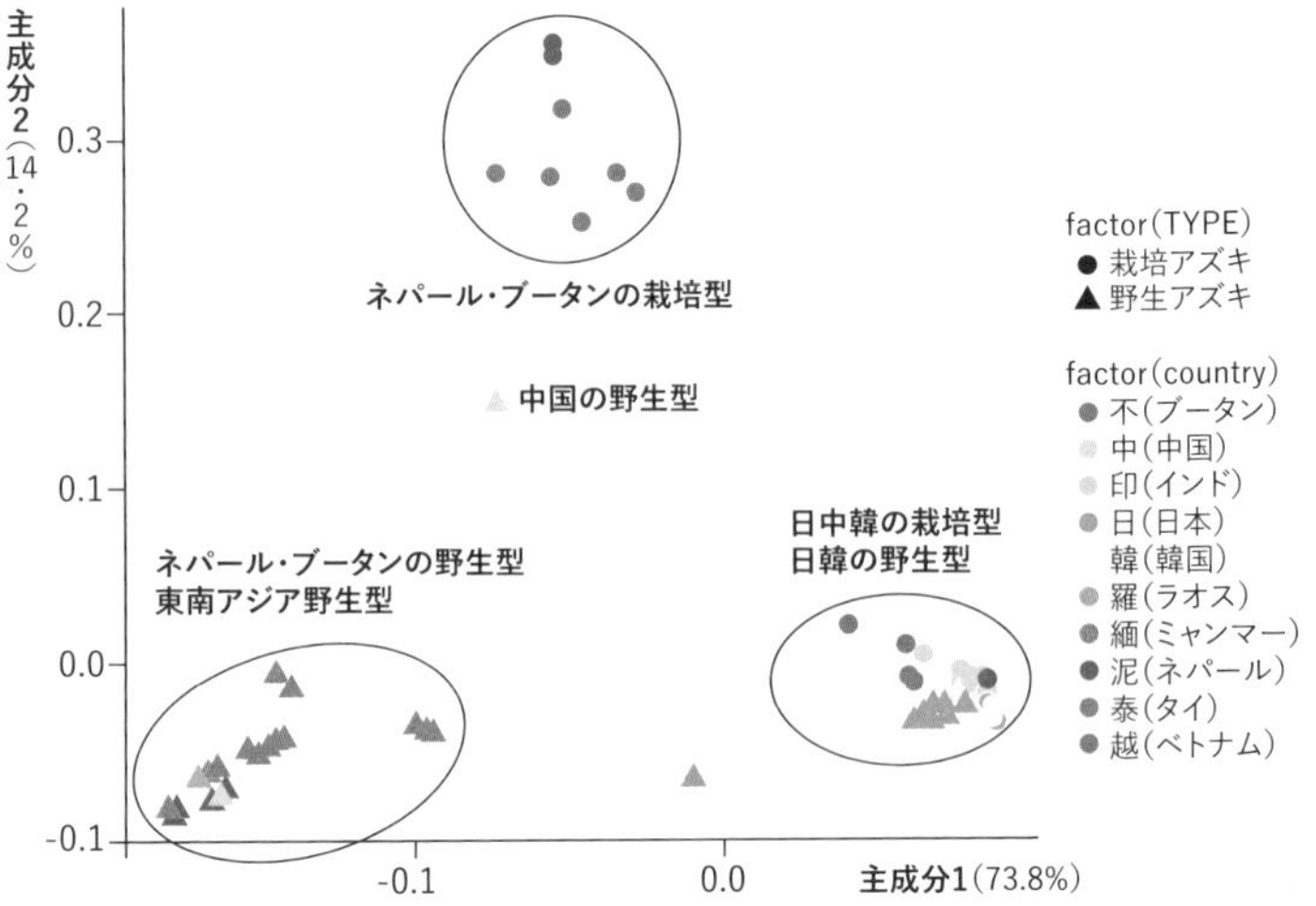

図7. 全ゲノムのDNA配列に見つかった変異の数から、系統間の近縁度を2次元の座標平面に投影したもの。丸いプロットは栽培アズキを、三角形のプロットはヤブツルアズキを表す。近縁なもの同士は近くに、遠縁のものほど遠くに位置づけられる。

さて、数え上げた変異を、図6の解説のように「サンプル1とサンプル2の間では○○箇所」みたいに記述していったのでは日が暮れてしまう。というわけで、我々の世界では変異の数から推定したお互いの系統間の近縁度が、パッと見でわかるような図で示されることが多い。たとえば、図7のような感じだ。これを見ると、東アジアの栽培アズキとヤブツルアズキは、お互いにものすごく近い場所にプロットされていることがわかる。一方、ネパールやブータンなど、ヒマラヤ山脈あたりで栽培されているアズキは、日本や中国のアズキとは別物と言ってよいほどはっきりと分かれた集団となっていることがわかる。これは、ヒマラヤの栽培アズキが、日本の栽培アズキとはまったく異なる経緯で成立したことを示している。ここだけを見ると、ヒマラヤのアズキは日本のアズキとは別に栽培化された可能性もあるし、もともとは日本や中国で栽培され始めたものが、早い時期にヒマラヤに伝わって独自の品種改良を経てきたという可能性もある。だが、ここで図の左下に視線を移してみると、東南アジアのヤブツルアズキと、ネパール・ブータンのヤブツルアズキが一つの集団となっている。そう、ネパール・ブータンの栽培アズキと、その地域に生えているヤブツルアズキが、遺伝的にはまったく異なる集団になっているということだ。したがって、先に述べた「ヒマラヤのアズキは日本のアズキとは別に栽培化された可能性」はほぼないことがわかる。もしこの地域のアズキが現地のヤブツルアズキが栽培化されたものだとしたら、この地域のアズキとヤブツルアズキは親子関係にあるはずで、だとしたら図中ではお互いに近縁な集団となっていなければならないからだ。したがって、ヒマラヤの栽培アズキは、別の地域から流れてきたものだということになる。

さて、では本題の、日本や中国のアズキはどうなのだろう？　図7を見る限り、中国の栽培アズキは少し上方向にずれた集団を形成していて、中国のヤブツルアズキは図の中心付近のかなり離れたところに位置づけられている。素直に受け取れば、中国のアズキは中国のヤブツルアズキが栽培化されたものではなさそうだという感じがする（とはいえ、中国のヤブツルアズキサンプルは政治的な理由から極めて入手が困難で、科学的な議論を展開するにはあまりにも数が足りないのだが。中国に生えているヤブツルアズキの中には、もっと右下の栽培アズキに近い位置にプロットされる系統があるかも知れない）。一方、日本や韓国の栽培アズキとヤブツルアズキは、お互いに相当近い関係にあるということがわかる。日本／韓国のアズキは、日本／韓国のヤブツルアズキから生まれたという解釈は、相当に現実的だ。

だがしかし、まだ反論の余地はある。「アズキは中国で生まれ、それが日本や韓国に伝わったあと、現地のヤブツルアズキと交雑した」というシナリオもあり得るからだ。栽培アズキとヤブツルアズキは交雑可能なので、1匹の虫がアズキの花とヤブツルアズキの花を行き来すれば雑種ができてしまう。しかしある場所に生息するヤブツルアズキは、当然ながらその場所の気候や地理的条件に適応している。したがって、現地のヤブツルアズキの血が入った雑種アズキは、もとの栽培アズキよりも育ちが良くなる、ということが往々にして起きる。そしてヒトがその地域での栽培に都合のよいものをどんどん選抜していくと、もとのアズキと比べて、それぞれの地域に生息するヤブツルアズキとより近縁なものになっていくわけだ。したがって、この図を見ただけでは、まだ「中国で生まれたアズキが日本／韓国に伝わって現地のヤブツルアズキと交雑した」というシナリオと、「日本／韓国で生まれたアズキが中国に伝わって現地のヤブツルアズキと交雑した」というシナリオのどちらが正しいのかという問題に決着を付けることはできないのである。

……という結論では、賢明なる読者諸氏を納得させることはできまい。もちろん話はまだ終わりではない。問題は、交雑によって栽培アズキに地域のヤブツルアズキの血が混じってしまうことだった。だったら、「仮に交雑しても、ヤブツルアズキに同化する可能性がない部分」だけを切り取って解析してしまえばいいのだ。

中高時代の遺伝学のおさらい

しかしその理屈を理解するには少し遺伝学のおさらいをしなければいけない。「減数分裂」「組換え」「連鎖」といったキーワードが主題となる分野だが、とりあえず図8を見て

図8. 遺伝学的にゲノム上の遺伝子をマッピングする原理

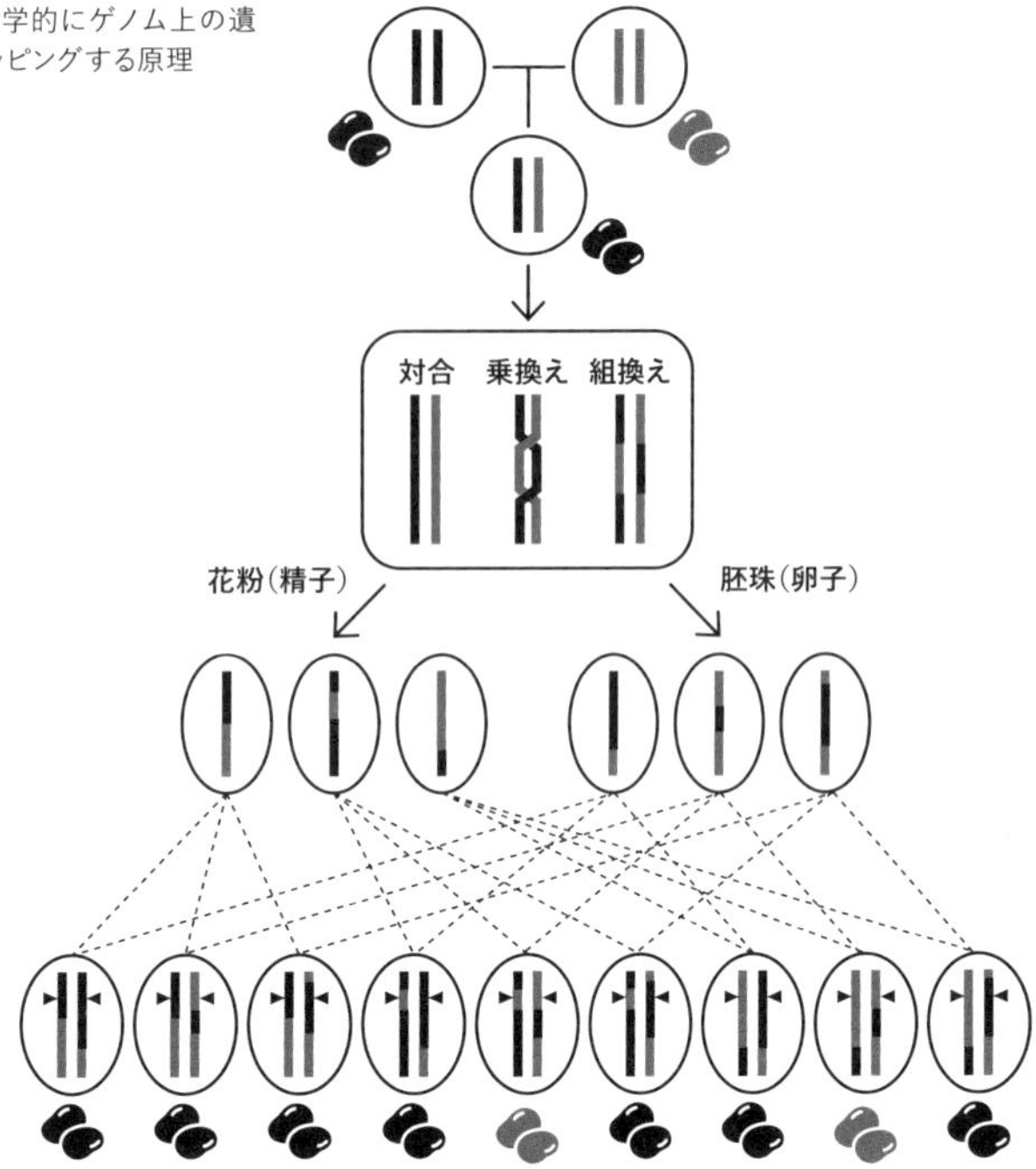

欲しい。種子が黒いヤブツルアズキと、赤い栽培アズキが交雑して雑種が生まれたとしよう。ヤブツルアズキのゲノムは黒、栽培アズキのゲノムは赤で表している。できた雑種は当然、黒いゲノムと赤いゲノムを半分ずつ受け継ぐ。しかし種子の色は黒くなる。理由は、栽培アズキの赤い色は、黒い色素を作る遺伝子が突然変異を起こして生じた潜性（劣性）の形質だからだ……どうだろう。思い出してきただろうか。

さて、遺伝学の妙はここからだ。両親のゲノムを半分ずつ受け継いだ子供が次の世代を作るために花を咲かせ、そこで花粉や胚珠が作られるとき、減数分裂が起きる。生き物がもっている2セットのゲノムのうち、1セットだけをもつ花粉（動物なら精子）や胚珠（同じく卵子）ができるわけだ。この2つが受粉（受精）することでまた2セットのゲノムをもつ子供が生まれるのだが、それはさておき、面白いのは減数分裂が起きるときに父親から受け継いだゲノムと母親から受け継いだゲノムとの間で組換えが起きることだ。これにより、2セットのゲノムの一部が交換された新しいゲノムができ、その新しいゲノムが1セットずつ、花粉や胚珠に分配される。ゲノムのどの部分が交換されるかは減数分裂ごとに異なるため、雑種が作る花粉や胚珠が受け継いだゲノムにはまったく同一のものは存在しない。そして花粉と胚珠が受粉（受精）して、次の世代の個体が生まれる。図8に示す通り、雑種の第2世代が受け継いだゲノムは紛れもなく最初の両親に由来するものだが、その組合せパターンは千差万別。だからこそ、同じ両親から生まれた子供の子孫には、個体差が生まれるのだ。

そう、雑種第2世代では個体差が生まれる。もちろん、種子の色についても、ヤブツルアズキのような黒い種子を作る個体もあれば、栽培アズキのように赤い種子を作る個体もいる。そして、種子の色を決定する遺伝子はゲノム上のどこかに必ず存在している……とすれば、賢明な読者諸氏はもうおわかりであろう。図中▶◀で示した場所が、それだ。この領域が栽培アズキ由来のペアになったときのみ種子は赤色となり、それ以外の組合せだと必ず黒になる、というわけだ。おさらい、終わり。

選り好みによって抹殺されるもの

ここで、大昔にヤブツルアズキを栽培するなり採集するなりして食べていた人々に思いを馳《は》せていただこう。それまでずっと豆といえば黒い色をしているものだとばかり思っていたのに、ある日収穫した豆の莢《さや》を割ってみたら中から赤い豆が出て来るではないか。当時の人々の趣味や好みによっては、その赤い豆を見て気持ち悪いと捨ててしまう可能性もあったわけだが、その発見者はきっと神秘的な色だと思ったのだろう。そしてこの赤い豆を発見した人が、豆を土に播《ま》けば同じ植物が生えてきてより多くの豆が採れる、という事実を知っていたならば、きっと、実際に赤い豆の何粒かを翌年の春に播いてみたのではないだろうか。それがやがて集落で広まり、交易の道具として使われたり、あるいは力ずくでの奪い合いになったりしたかも知れない。何にせよ、赤いアズキは古代の人々の間でどんどん広まっていき、いつの間にか赤いアズキこそが正統派のアズキ（当時はまだアズキという名前で呼ばれてはいなかっただろうが）となり、黒いアズキなどアズキではない、という状況になってしまったのである。それでも当然、畑と周囲の草原の間を虫が飛び交い、畑のアズキにヤブツルアズキの花粉が運ばれてきて雑種が生まれる、という事態は常に生じていたはずだ。そして図8に示した通り、雑種は必ず黒い種子を作る。赤いアズキしか認めない当時の人が、収穫したものの中に黒い豆が混ざっていたら、果たしてどうしただろうか。

捨てたのだ。先ほども述べたように、雑種の子孫からは、黒い豆を作る個体や赤い豆を作る個体が生まれてくる。だが、確実に言えるのは、赤い種子を作る個体のゲノムは、豆の色を決める遺伝子が乗っている場所（遺伝子座、という）だけは必ず栽培アズキ型のペアになる、ということだ。どんなにヤブツルアズキと交雑して、組換えによってヤブツルアズキ型のゲノムが混ざってこようとも、種子の色を決める遺伝子座だけはアズキ型のペアになった赤い豆しか、ヒトは翌年の種まきに使わない。ペアの片方でもヤブツルアズキ型になった黒い豆は、(極端な言い方をすれば)ヒトの手によって抹殺されるのだ。

選択的一掃

ここで、種子が赤くなる遺伝子の方について、そのルーツを考えてみよう。最初に赤いアズキを見つけた人がみずから栽培して増やした子孫は、当然親の赤色遺伝子を受け継ぐ。では、その赤いアズキが、別の地域に伝えられたあとは? その地域の人々も赤いアズキがお好みだったならば、当然、最初の赤アズキが持っていた赤色遺伝子を受け継ぐ。いや、それを受け継いだ者だけが生存を許される。すなわち、ヒトが赤いアズキを選り好みする限り――要するに現在まで――最初の赤色遺伝子が延々と受け継がれてきたわけである。

では、豆の色の遺伝子座以外のゲノム領域は? それはやはり図8の下段を見ればわかる通り、ヤブツルアズキ型になっても全然構わないのである。むしろ、その地域の環境条件にフィットした遺伝子はヤブツルアズキ型のゲノムに乗っていることもある以上、ヤブツルアズキ型に置き換わった方がいいとさえ言える。ただし、ヤブツルアズキ型のゲノムといっても、図6の例で示したように、系統ごとにそれぞれかなり違っている。だから九州で栽培されるアズキは九州のヤブツルアズキと交雑して九州型っぽくなるし、四国では四国っぽくなるわけだ。

したがって、豆の色を決める遺伝子座以外のゲノム領域には、栽培アズキでも地域間・系統間で違いがある。一方、豆の色を決める遺伝子座は、突然変異で最初にたった一つだけ生じた赤色遺伝子しかあり得ない＝多様性がゼロ、という状況が起きるのである。こういう現象を進化生物学では「選択的一掃」というが、図2に示したような野生から作物への変化において特に重要な役割を果たした突然変異には、ほぼ例外なく起こる現象である。何せ、ヒトが目で見て選抜しているのだから。

ゲノムの多様性を一定の長さごとに測る

というわけで、栽培アズキのゲノムとヤブツルアズキのゲノムの多様性を見てみよう。

と言っても、「多様ってどういうこと？」という疑問が浮かぶのはもっともだ。再び図6

に戻って説明してみよう。

図6には10系統のゲノム配列が示されているが、これをまず「栽培アズキ群」の5系統と、「ヤブツルアズキ群」の5系統に分ける。栽培アズキ群5系統の間では、ゲノムに違いがあるのは31塩基目の1箇所だけだ。一方、ヤブツルアズキ群の間では、違いがあるのは5箇所。したがって、栽培アズキ群のゲノムの方が均一で多様性が低く、ヤブツルアズキのゲノムの方が違いが大きく多様性も高いということになる。このような、特定の集団内におけるDNA配列の多様性を表す指標を「塩基多様度」という。

塩基多様度はゲノム全体を使って計算することもできるが、それではあまり面白くない。アズキのゲノムは全長で5億塩基といったが、この5億塩基の配列について、たとえば1万塩基ごとに区切って塩基多様度を計算していくのだ。これを染色体に沿って1塩基目から1万塩基目までの塩基多様度、1万1塩基目から2万塩基目までの塩基多様度……のように繰り返し、計算された値をグラフにプロットしていくと、図9のようになる。

今まで黙っていたが、種子の色を決める遺伝子座は第1染色体（アズキの染色体は12本）の1250万塩基目くらいの場所に乗っている。図9では矢印で示した位置にある。塩基多様度は染色体に沿って結構上下しているが、矢印で示したところだけは極端に低くなっ

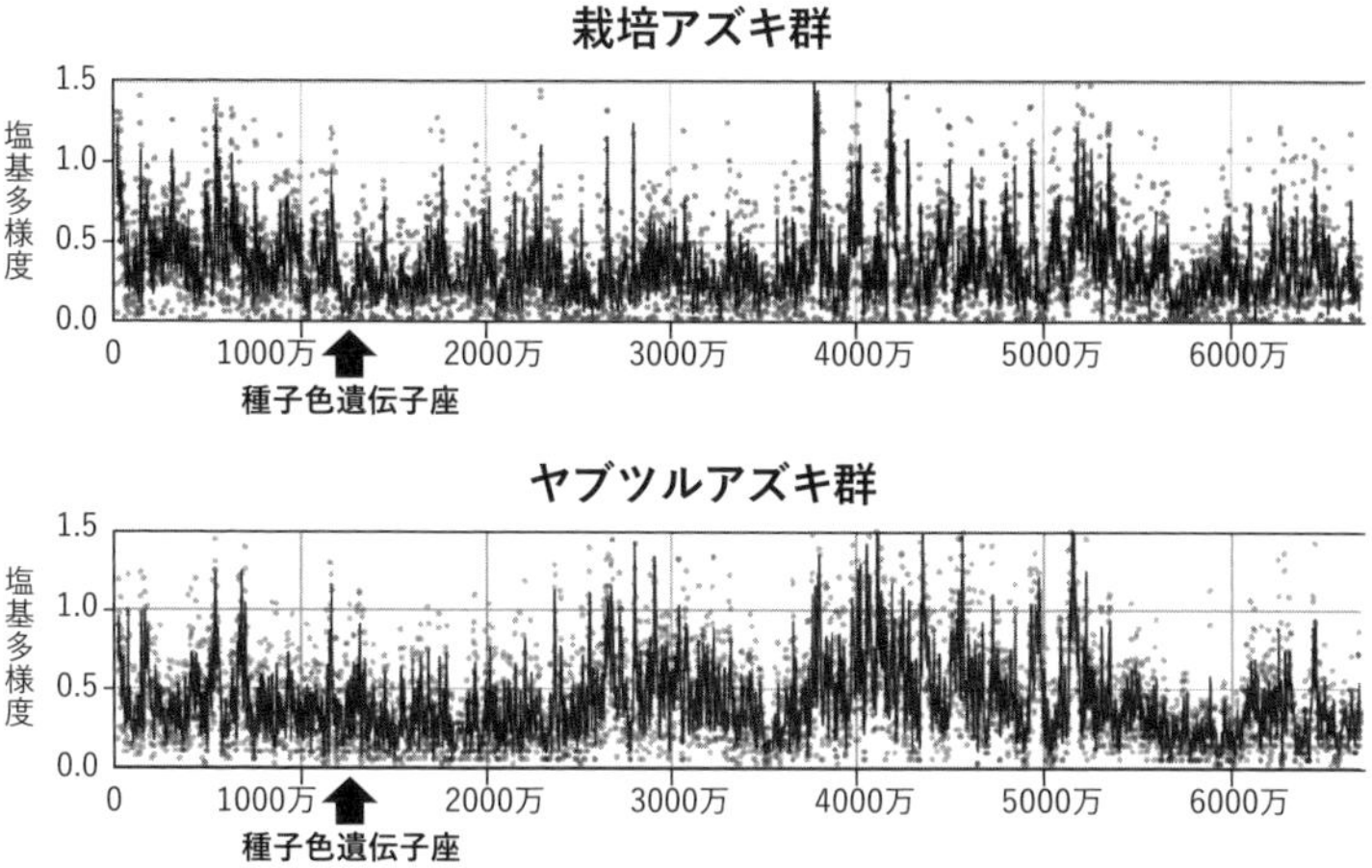

図9. アズキの第1染色体について、1万塩基ずつ塩基多様度を計算したグラフ。各ドットが1万塩基の区間ごとの塩基多様度、線は10区間分の平均値をなぞったものである。種子の色を決定する遺伝子座である矢印の領域で、栽培アズキのみ塩基多様度が大きく落ち込んでいる。

ているのがわかるだろうか。一方、ヤブツルアズキ群では、その場所でも塩基多様度が低くなったりはしていない。拡大してみると、栽培アズキ群ではこの領域で塩基多様度が本当にゼロになっているところさえある。完全にゼロでないのは、さすがに最初の赤色遺伝子が発生してから1万年近くが経過しているため、その間に起きた新たな突然変異がある程度はあるせいだ。いずれにせよ、本当にこの場所だけはヤブツルアズキ型に置き換わるのを人類はずっと拒絶し続けてきたわけだ。もちろん何度も言うが、これは種子の色を決める遺伝子座がヤブツルアズキ型に置き換わることそのものを防いだわけではなく（そんなことは不可能だ）、置き換わってしまったものをヒトが抹殺してきたということを示す証拠なのだ。

赤色の突然変異はどこで起こった

というわけで、第1染色体の大体1200万塩基目〜1300万塩基目くらいの領域は、栽培アズキで多様性がほぼゼロになっていることがわかった。つまり、この100万塩基くらいの領域だけは、最初に種子が赤くなる突然変異を起こした個体のDNA配列をずっと受け継いできたということだ。というわけで、ゲノムデータの中から第1染色体のこの領域だけを取り出してきて、あらためて図7のような解析を行うとどうなるのだろうか。

図10のようになるのである。栽培アズキはみんなほとんど同じ配列なので、お互いにものすごく近い位置にプロットされる。一方、ヤブツルアズキは地域ごとに別々のグループを形成するものの、グループ内でもお互いにそこそこ分散した位置にプロットされているのがわかるだろう。ここまでは予想通りである。

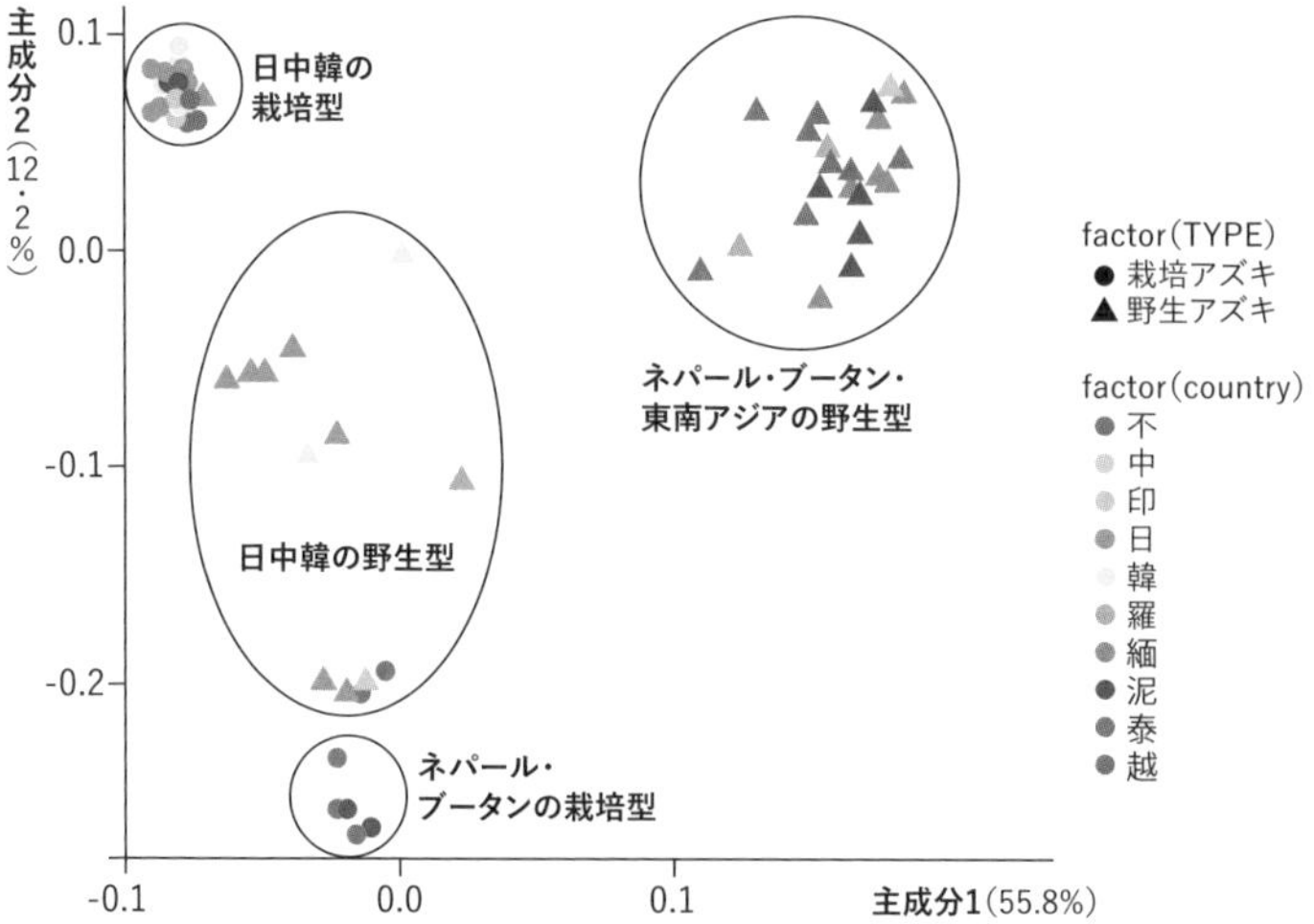

図10. 種子色の遺伝子座領域のみのDNA配列に見つかった変異の数から、系統間の近縁度を2次元の座標平面に投影したもの。丸いプロットは栽培アズキを、三角形のプロットはヤブツルアズキを表す。近縁なもの同士は近くに、遠縁のものほど遠くに位置づけられる。

だがしかし！　である。図10左上の、「日中韓の栽培型」グループをよぉ〜く見て欲しい。丸い形が栽培アズキで、三角形はヤブツルアズキ……って、あれ？　丸い形が密に固まったグループの中に、三角形が一つ紛れ込んでないか？……いやいや、いくら何でもこれはおかしい。これはアレだ、解析の途中でサンプルを取り違えて、栽培アズキのサンプルに間違えてヤブツルアズキのラベルを付けてしまったやつだ。きっとそうだ、そうに違いない。というわけで、あらためて全ゲノムデータのデータの解析を見直してみると……あれ？　栽培アズキから離れて、他のヤブツルアズキの近くにプロットされるやん。まさか。そんな、まさか……合ってる。この結果は、サンプルの取り違えなんかとちゃう……リアルや‼（このとき私は思わず元Twitterに自分の気持ちを投稿してしまっている。https://twitter.com/drk0311/status/1300449542316277760）

これはどういうことかというと、このヤブツルアズキがもつ種子色遺伝子座のＤＮＡの配列が、栽培アズキの赤色遺伝子のＤＮＡ配列に極めて近いということである。ヤブツルアズキなのだから、もちろん種子は黒い。このヤブツルアズキのもつＤＮＡ配列のどこか1箇所だけが変わったことで、最初の赤色突然変異体が生まれたということだ。逆に言えば、このヤブツルアズキは「赤いアズキが生まれる一歩手前のＤＮＡ配列」を持っているということだ。

ドキドキしてきた。じゃあこのヤブツルアズキ、どこから取ってきたやつだ……？　と思いながらサンプルの採集地リストを見てみると……長崎県のものだった。マジ？　日本やん‼　もちろん、この事実は赤色の突然変異が長崎で生まれたことを意味するわけではない。マメの種子は鳥に運ばれることがあるので、長崎県で採取したサンプルが、1万年前からずっと長崎に生えていたヤブツルアズキの子孫だという保証はないからだ。

だが、それでもせいぜい「九州あるいは西日本のどこか」くらいの話である。要するに、栽培アズキの赤色は、日本列島で生まれたという可能性が極めて高くなったのだ。

というわけで、栽培アズキの起源――少なくとも赤色の起源――は、日本列島であるということがほぼ確定的となった。「ほぼ」という歯切れの悪い副詞を付けざるを得ないのは、やはり「赤いアズキが生まれる一歩手前のDNA配列」をもつヤブツルアズキが中国や韓国のどこかに生えている可能性は否定できないからである。だが、実は我々の手元にはもう一つ、栽培アズキの起源が日本列島であることを示す強い証拠があるのだが……すまない、それについては近い将来論文にして発表する予定なのでもうしばらく待っていて欲しい。

縄文時代のアズキをめぐるロマン

さて、そろそろアズキの起源をめぐる物語を締めくくることにしよう。ここからはゲノムデータと考古資料をもとに、想像力で勝手に補完した話である。

縄文時代の後期……6千年くらい前から、日本列島で暮らしていた人々の一部は集落の中でヤブツルアズキを栽培するようになった。ある年、そうやって植えていたアズキの中から赤い種子をつける突然変異に気づいた人がいて、その人はそれを全部食べてしまわずに、翌年にもう一度栽培した。赤いアズキからは赤いアズキが採れることがわかると……それは一気にバズッた。東アジアの赤や朱色を重要視する風習が、当時すでに生じていたからかも知れない。やがて赤いアズキが日本中に広まった頃、大陸の人々に何らかの形で伝わったのだろう。そして、大陸でも赤いアズキが好まれ、黒いアズキから赤いアズキへと置き換わっていったと考えられる。そう、アズキはイネなど他の主要作物とは違い、日本列島で生まれ大陸へと広がった数少ない作物の一つ（もしかしたら唯一？）なのだ。

ここで、あらためて図5を見直してみて欲しい。これは、アズキは日本列島では5千年前には大粒化していたのに、大陸側では3千年前まで小粒のままだったことを示すグラフだった。アズキが日本列島から大陸へと伝わったのなら、3千年前に大陸側で起きたアズキの大粒化も、日本で大粒化したものが大陸側に伝わったせいかも知れないのではないか？　とすると、3千年前には日本のアズキはすでに赤かったのかも知れない。アズキの「あ」が、それくらい古い起源をもつのなら、「小豆」を無理やり「あずき」と読む慣習が押し通されてきたことにも納得できるのではないだろうか。

Column

自然選択とは?

ある環境のもとで生存や繁殖に有利な特徴をもった個体がその数を増やし、そうでない個体が減っていくという適者生存の掟《おきて》。一定数以上の木が生えていて、しかも木の葉を餌にする動物がいないサバンナのような場所で、たまたま首や脚が長いキリンのような動物が生まれると餌に困らないので繁栄することができる。注意して欲しいのは、動物が「あの葉っぱを食べたい」と思っていくら背伸びをしても首が長くなるわけではないし、母親が「あの木の葉に届くような背の高い子供を産みたい」と願っても意味がないということである。あるいは、木が1本も生えていない草原のような場所にキリンが生まれても、長い首や足は草を食べるのには却《かえ》って不利であるため、すぐに滅んでしまう（不利な特徴をもつものが排除されていくことも自然選択のプロセスであり、これを「負の自然選択」という）。あくまでも、環境に適した特徴をもつ個体がたまたま突然変異で生まれたときにのみ、自然選択による進化が起きるのである。

Column

漆の過去・現在・未来

菅 裕
県立広島大学
生物資源科学部 教授

進化学者は、なぜ漆研究に「かぶれ」たのか？

ウルシ（*Toxicodendron vernicifluum*）が日本で塗料として用いられ始めたのは、遅くとも縄文時代早期という、かなり古い時代であるとされている。多くの読者は、このような「高尚な」文化は中国伝来であるという先入観を持つかもしれない。しかし、実は遺跡に残された遺物の古さだけを見ると日本のものの方が古い可能性もあり、漆文化は日本発祥では、という説を唱える研究者もいるほどである。「japan」という英単語自体が漆器をさす言葉としても用いられることからも想像される通り、日本には、かなり早い時期から中国と同等かそれ以上の漆文化があったことは間違いない。日本人と、日本列島に息づく動植物とのつながりをゲノムから解き明かすというヤポネシアプロジェクトの理念の一つから言えば、これほど欠くべからざる種もそれほど見当たらない。しかし私自身は漆やそれを産出する植物種としてのウルシの研究者ではない。専門は進化生物学で、動物の多細胞システムが単細胞生物からどのようにして進化してきたのかを遺伝子レベルで探っている。そんな植物学の素人が、一体なぜ漆研究にどっぷりと「かぶれ」ることになってしまったのか？

私が日々研究室で学生と研究しているのは、単細胞ホロゾアと総称される、動物に近縁なことだけが取り柄の単細胞生物群である。この生物と動物とを比較してやれば動物の多細胞化の謎が解けるに違いないと考え、遺伝子やタンパク質の解析を行っている。単細胞ホロゾアを専門で研究しているのは、私の研究室と、私がもといたバルセロナの研究室だけであり、実験手法もまだ十分にそろっていない。そうした実験材料として未開発な生物を研究しようとするとき生物学者が最初にやることは何か？　実は現在の生物学では、と・・・・りあえずその生物のゲノムを読んでみましょうか、ということになることが多い。21世紀に入りたての頃は、まだゲノム解読は国家プロジェクト級の大事業だったのだが、技術の進歩のおかげで今では最も手軽で堅実な生物の研究手法の一つとなりつつある。手軽なだけでなく有用でもある。生物の設計図を手に入れてから研究を始められるのであるから、流れ着いた孤島で、最初から地図が手の中にあるようなものである。

手軽、というと語弊があるかもしれない。たしかに単にゲノムの塩基配列を読むだけなら、手法は確立されていてまったく難しくはない。しかしその情報をうまく処理して研究に使うことのできる形にするにはそれなりの技術や知識が必要であり、かなりの手間もかかる。通常その作業はコンピュータに強い専門のスタッフに任せることになるのだが、さまざまな事情から、私はスペインで、その作業をほぼ自分で行うはめに陥った。それは信じられないくらい大変な作業であったが、それと引き換えに、私の中には「こうやればゲノムプロジェクトができる」という固い芯のようなものが残った。いつか自分でまだ誰も手掛けていない生物のゲノムを解読してみたい、という思いがそこで芽生えたのかもしれない。

もう一つ、私が欧州で生活している間に漆研究にかぶれる伏線のようなものがあったかもしれない。それは「金継ぎ」という技術について尋ねられたことである。一度だけではなく、複数回、異なる国籍の人から「日本にはゴールドを使って壊れた食器を修復し、壊れる前よりも価値を高める魔法のような秘術があると聞いたが本当か」と聞かれたのである。もちろん金継ぎは、金を溶かして接着に使うわけではなく、接着した継ぎ目に金粉を塗して隠すのである。実は、その接着に漆が使われるのだが、当時私はそのことを知らなかった。正直に言うと、彼らと同じように金を溶かして接着するのだと勝手に思い込んでいた。欧米人にしてみれば、古いものを大切に使うという哲学と、金を使って接着するという誤解に起因する神秘性と、壊れたものを修復することで逆に新しい価値が生まれるという意外さが、日本という国自体への共感と相まって好奇心を強く刺激するらしい。私にしてみれば、そうした日本のニッチな技術に外国の方が強い興味を持ってくれているということをうれしく感じる半面、自国の伝統を正しく説明できなかった自分を恥じた。外国に暮らす日本人が一番強く感じることの一つは、日本にいたときに自国のことをもっと勉強しておけばよかった、ということらしい。この時の金継ぎへの思いが帰国とともに逆輸入され、私を漆研究に導いた、と考えるのは運命主義が過ぎるだろうか。

アカデミアと「地域貢献」のはざま

スイス、スペインでの研究生活を終えたあと、私は故郷の大学に職を得て、引き続き動物の多細胞性進化の謎を解くという研究に携わることになった。ところが新たな第一歩を踏み出した私は、日本の地方大学の役割が、海外をふらついていた11年間の間に大きく変わってしまっていたことに気づく。多くの地方大学では、生物進化のような人の役に立たない（と考えられている）学問ではなく、もっとその地域に直接貢献するような実用的な研究をすることを求められるようになっていたのである。一体誰がそれを望んでいるのかという視点は、議論の前提にあるべき最重要事項の一つと思うのだが、私の知る限り当事者を巻き込んでそれが深く議論された様子はない。

もちろん地域に貢献するような研究に後ろ向きだからといって、クビになったりすることはない。しかし組織の方針に真っ向から背いた生き方をしていると、いろいろと「不都合」なことが起こるのは世の常である。ではすぐには応用がきかないような基礎研究を行っている地方大学の研究者がどうしたか？　自分の本来の研究は大事に守りながら、自分の強みを生かして、新しく大学に割り当てられた方向性に沿った研究を並行してやろうとするようになった。たとえば私が所属している大学では、微生物の鞭毛《べんもう》の研究者が、その専門知識を生かして鞭毛をもつ寄生虫の駆除を試みる、といった研究を新たに展開している。しかし生物進化の研究者は何をどう展開すればよいのか。

ちょうどその時、キャンパスの隣町で地元の漆産業の再興を目指してひとり立ち上がった人物があり、私はその相談を受けることになった。彼はかつて広島でも重要な産業の一つだったウルシの栽培を再開すべく、地元の古老に聞き回りながら、山林に生き残ったウルシの樹を丹念に探して回っているところであった。その中で本当にウルシかどうかよくわからない樹がいくつかあり、これをＤＮＡで鑑定してほしいというのが依頼の内容である。それ自体は特に難しいことではなく、研究室に蓄積した知識や機材で十分対応できる。しかしそこで一つアイデアが浮かんだ。自分たちのゲノム解析の技術や知識を使えば、ウルシのゲノムを読んで、科学に貢献しつつ地域にもそれを還元できるのではないか。

さらにアイデアが湧く。単にゲノムを解読しても、それは孤島の白地図が手に入るに過ぎず、そのどこに集落があって人が活動しているか、といった肝心な点がわからない。つまりほとんど実用にならない。実は生物のゲノムからは、特に重要な部分だけがｍＲＮＡという物質にコピーされ、それがタンパク質を作る設計図となる。生物は水を除けばほとんどタンパク質でできており、生物の体でさまざまな反応を起こすのもほぼ全てタンパク質の役割である。したがって、ゲノム情報に加え、ｍＲＮＡの情報（これをトランスクリプトーム情報と呼ぶ）が解読できれば、ゲノムが生物によってどのように使われているかという重要な情報を得ることができる。つまり単なる白地図を、島を探検するうえでこの上なく強力なガイドブックに変えることができる。我々がウルシのガイドブックから最も知りたいのは何か？　当然ウルシの光合成の仕組みが知りたいわけではない。そんなものは他の植物のガイドブックからもわかる。一番の関心事は、ウルシの樹が漆を作るために必要な遺伝子はどのようなものかということである。ではそれを知るためにはどのようなトランスクリプトーム情報を取得すればよいだろう？

漆はウルシの樹皮につけた傷からしみだしてくる樹液が原料である。傷をふさいで修復しようという樹の本能を利用するわけである。しかし一度傷をつけたくらいでは樹液は漆にはならない。何度も傷をつけていくことで、危機を感じた樹の本能が徐々に呼び覚まされ、樹液が、硬く固化する性質を持った漆に少しずつ作りかえられていくのである。だとすれば、漆を収穫している職人と連携して、まだ傷をつけていない、つまりまだ漆を作っていない状態のウルシの樹と、何度も傷をつけられ危機感にさいなまれながら漆を作り続けているウルシの樹からトランスクリプトーム情報を取得する。そしてその2つの情報の間にどのような差があるかを調べれば、ウルシの樹が漆を生産するためにゲノム中のどのような遺伝子を働かせているかがわかるのではないだろうか。

いろいろ調べてみると、ウルシではそうしたトランスクリプトーム解析はもちろん、ゲノム解読すら世界中どこを探しても行われていない。[※1]そこで最初に学内の小さな資金を獲得し、ほそぼそとゲノム解読を始めることにした。並行してゲノムの働き方を調べるためのmRNAの解析も始め、3年程度でゲノムとトランスクリプトームの情報をほぼ完全に解読できた。その話を聞きつけた関係者から少しずつ声がかかるようになり、つながった人脈の先にヤポネシアプロジェクトがあった、ということになる。偶然に助けられただけ

※1 残念ながら、ゲノム解読についてはこの本が出版される直前に中国グループに先を越されてしまった。

の私に偉そうに語る資格はないのだが、得意でない勉強や意に沿わない仕事が目の前にあった場合、それをチャンスととらえて面白さを見つけ出す姿勢が、新たな世界を拓《ひら》くこともあるという一つの例といえるかもしれない。

研究者の「仁義ある」異種格闘技戦

最近は電気機器メーカーが医療分野に参入したり、衣料品の販売店がレストランを経営したりするなど、企業の異分野への参入は珍しいことではなくなってきている。では研究者が自分の専門とは異なる異分野に参入するときは何が起こるのだろうか。

私が自分の研究や専門知識を地域貢献に生かそうとウルシのゲノム研究を始めた時、まず困ったのは、仁義を切るべき先達《せんだつ》をまったく存じ上げないことであった。科学研究なのだから、他人のことなど気にせず興味の赴くまま自由に競争すればいいではないか、という人もいるだろう。残念ながらそうはいかない。日本の科学研究は、衰退傾向にあるとはいえやはりまだ大したもので、大変裾野が広く、大抵の研究分野にはすでに専門家がおられる。まずはそうした方々に指導を請うたうえで、慎重にその分野への参入を打診せねばならない。意外と人間臭いのである。仮にその先達のひとりが「うちの分野はおおらかだから気にせずにどんどんやればいいよ」とおっしゃってくださったとしよう。しかしそれを鵜呑《うの》みにするのは大変危険である。なぜならそれは「自分がやっていることと君がやっていることはかぶってないから自分は黙認するよ。ただしいろんなところに地雷があるから気を付けてね」という意味だからである。慎重にその分野の専門家をリストアップし、一人ひとりに自分の計画を伝え、同じようなことをやろうとしている人がいないか探り、少しずつ味方を増やしていくことが大切である。

もちろんそのようなことは気にせず、異分野にもどんどん突撃し、果敢に異種格闘技戦に挑む研究者もいる。そうした研究者は、自分の分野ですでに確固たる地位を築き、怖いものなど何もないといったタイプの方が多いようである。そうした勇猛な姿勢が学問の発展を加速させるという意見もあるだろうが、私のような駆け出しはやはり命が惜しい。

幸運なことに私の場合、最初に相談させていただいた研究者が、親身になって「業界」

の内実を教えてくださった。そのつてを頼りながら、一人ひとりに自分の計画を説明していった結果、多くの関係者がこの新参者を寛大に受け入れてくれた。今のところ足もついている。私の認識している範囲では、まだ地雷は踏んでいないようである。

漆産業小史

他の多くの伝統産業と同様、日本の漆産業も危機的状況にある。漆の生産量の統計を調べるまでもなく、そもそも我々がほとんど漆塗りの物品を見ることがないという事実が何よりもそれを如実に物語っている。

縄文早期より何千年もヤポネシアで利用されてきた漆の生産は、江戸時代になって各藩が管理して栽培を奨励した結果、最盛期を迎える。正確な生産量は不明だが、日本全国で千トンを超える漆が生産されていたという資料もある。2020年に日本で生産された漆が年間2トン弱であるから、当時の漆生産は今では考えられないくらいメジャーな産業であったといえる。

漆を収穫する漆掻《か》きという作業では、初夏から秋にかけて数日おきにウルシの樹皮に少しずつ大きな傷をつけていく。樹が傷をふさいで身を守ろうとする防御反応を徐々に高めていき、最終的に質の良い、すなわち硬くそして美しく固化しやすい樹液をできるだけ大量に生産してもらうのである。林業というより、畜産業に似ている。早朝の数時間数日おきに作業するだけでかなりの副収入が見込めるという特性は、その当時の農作業などとの相性も良かったことだろう。加えて、ウルシの樹は植えてから10年ほどで掻くことができる。換金まで半世紀かかるスギやヒノキの植栽よりも、当時としては格段に収入の見通しが立てやすい副業であったはずである。

しかし、江戸時代に隆盛を極めた国内の漆生産業は、明治になって藩の管理統制が届かなくなると急速に衰えていった。特に鎖国政策のなかでそれまで一定に抑えられていた大陸からの安価な輸入漆が、堰《せき》を切ったように流入し始めたことが大きい。漆掻き職人の立場からすれば労働に見合った対価が得られなくなったということになる。また、4日に一度作業すればよいという利点は、キリスト教的な7日周期が日本でも一般的になるにつれ、逆に兼業の継続を難しくする弱点となったはずである。

それでも昭和初期には、漆の国内生産が少しだけ持ち直したことがある。漆の錆《さび》止め効果が注目され、機械部品の塗料として使われたらしい。戦中の石油不足を背景に政府が号令をかけ、各地にウルシ植栽のノルマが課された記録が残っている。台湾や朝鮮半島でも植栽が行われたらしい。採れた漆は当時最大の機械業、すなわち軍需産業に回された。錆びやすい船舶の部品や、場合によっては航空機の部品などにも用いられたようである。砲弾に塗られたという話すらある。漆塗りの戦闘機などというと悪い冗談にしか聞こえないが、実はまったくの与太話でもないのである。しかしその一時的な隆盛も終戦とともに急速に下火になり、あとは終戦直前に植栽された樹を細々と掻いていくだけの斜陽産業となってしまう。

しかしそれでも、漆生産は常にある一定の需要を保ち、決して完全に途切れることはなかった。ここが漆のような嗜《し》好品に近い希少農産物の特殊なところで、どんなに高価でもそれ以上の価値を見出す層が必ず存在するのである。生産量の低下は、純国産という愛国心と安心感をくすぐるフレーズをまとって希少価値を生み、小規模ながらなんとか利益が計算できる程度のビジネスが生きながらえる。私たちがゲノム計画の材料に選んだのも、そうした地域の一つで大切に育てられているウルシの樹であった。

夜久野の漆掻き職人

京都府福知山市夜久野は、兵庫県との県境にある小さな町である。「天空の城」として話題になった竹田城がすぐ近くにある。夜久野は、江戸時代から明治にかけて漆の一大産地であった。この地の漆掻き職人は、地元のウルシの樹を掻くだけでなく、遠く中国地方などにも遠征して漆を「掻きまくっていた」らしい。いちいち京都から4日ごとにやってくるわけにもいかないから、農家などに間借りして作業していたのかもしれない。ひと夏で相当な金を稼ぐいい男である。仕事自体は午前中で終わり、時間はたっぷりある。きっと「オモロイ」話もたくさんあったことだろう。

現在の夜久野からは、そうした男たちがひしめいていた情景は完全に失われている。しかしそこにいる漆掻き職人は、今も変わらず粋な人たちばかりである。話は常に大きく果てしなく、酒は底なしである。大きく違うところといえば、彼らがＮＰＯ法人を設立しその中で活動力とプレゼンスを高めようとしていることと、職人の中には女性もいることだろうか。師匠と弟子の間に心地よい敬意が感じられるところも、当時とは異なる点かもしれない。我々はそのＮＰＯ法人「丹波漆」を通じて、ゲノム計画に使用するウルシの樹のサンプリングを行った。

しかし、実際に漆掻き職人と連絡をとり、サンプリングの日程を決めようとしたとき、事がそれほど簡単でないことに気づく。漆掻き作業は４日に一度行われ、しかも樹皮につけた傷から感染がおきて樹が弱るのを防ぐため、雨が降ればこの周期が延ばされる。つまり我々研究者がある日のこのこ現場を訪れたからといって、漆掻きの作業に立ち会える保証はないのである。

それでも天気予報をにらみながら日程を慎重に決定し、１５０年ほど前までは夜久野の漆掻き職人が中国山地にやってくるルートだったかもしれない自動車道を逆走して夜久野に到着する。幸いにして夜半の小雨も早朝にはあがり、無事サンプリングを始めることが

❶ウルシの樹に、鎌で辺（掻き傷）をつけ、そこからしみだしてくる漆を採取する。一つの辺から採れる漆はほんのわずか。❷何度も「掻か」れて満身創痍の8月のウルシ。この時期に採取された樹液は「盛漆《さかりうるし》」と呼ばれる。

できた。最初に掻く樹には、前日から紙《し》垂《で》がかけられている。その夏の豊かな漆の収穫を願い、樹にお神酒がかけられた。我々も慌てて首《こうべ》を垂れ、収穫だけでなくサンプリングもついでにうまくいくようひそかに祈る。地元の新聞も取材に現れ、「初鎌」という、なんとも優美な日本語があてられたこの行事が、地域にとって大きな意味のある出来事であることに気づかされた。

サンプリング作業自体は、梢《こずえ》の若い葉や、職人が切り出すほんの1センチ足らずの木っ端を恭しく受け取り、素早くごみなどを取り除いたのちアルミホイルに包んで液体窒素に入れて凍らせるだけである。ただこの時は、平坦《へいたん》な植栽地ではなく山林に自生した樹からの採取だったため、足場の悪さには閉口した。ウルシは、水はけがよくてしかも水がたっぷりあるという禅問答のような場所を好む。いきおい十分な水量のある小さな川の岸、したがってかなり斜度が高く崩れやすい崖のような場所に生えていることが多い。アクロバティックな姿勢で手際よく初鎌を入れていく職人たちのそばで、かぶれ防止の白衣とゴム手袋をして、おぼつかない足取りで急斜面を右往左往する研究者たちの姿はさぞ見ものだったことだろう。前日の歓迎会で流し込んだかなりの量のアルコールも少しずつ効いてきていた。

漆の過去・現在・未来

我々は現在、ウルシのゲノム・トランスクリプトーム解読プロジェクトを中心に、いくつかの研究を進めている。その多くはヤポネシアプロジェクトが終了しても続いていくはずである。最後にそれらの概要を紹介したい。

一つは解読したゲノム情報を使い、ウルシという種の過去を探ることである。ウルシは中国原産であるという説が一般的である。それは事実なのか。もし事実ならば中国のどこからヤポネシアのどこに伝わり、そしてどのように広がったのか。その歴史はヤポネシア人の起源やその文化の伝播《でんぱ》、発展とも深くかかわっているはずである。

次に、ゲノムとトランスクリプトーム情報をもとに、現在のウルシがどのような仕組みで樹液を漆に変えているのかを探る。実はウルシという植物がどこでどうやって漆を作るのかについては、まだまだわからないことの方が多い。先に述べた通り、ウルシの樹液はそのままでは漆にはならない。定期的に傷つけられた樹皮の組織が変化してその近辺を通る樹液を変質させる、という説が有力である。つまり、漆掻きという作業は、ウルシという樹木が外傷からみずからを守ろうとする生体反応を利用している。生体反応ならばそこには遺伝子と、遺伝子から作られるタンパク質が必ずかかわっているはずである。それらを見つけることができれば、漆の品質を人工的に改良したり、安定させたりすることもできるのではないか。

最後に、漆の未来にも微力ながら貢献していきたいと考えている。もし現在の分子生物学やゲノム編集技術を駆使して、質の良い漆を大量に産生する新品種や、室内で漆を大量に生産する人工的な細胞株を作ることができたならどんなに素晴らしいことだろう。もちろん我々は、それがどれくらい遠い目標であるかも知っている。軽々しく請け合うことはとてもできないが、いずれは夜久野の漆掻き職人にも負けないような「オモロイ」科学の話ができればと思っている。

第4章

日本列島人はどこから来たのか

神澤秀明
国立科学博物館人類研究部 研究主幹

手始めにインドから

2010年1月下旬、私はインドのグジャラート州にいた。ここで行われる国際シンポジウムに参加するためだ。初めての異国の地に興奮しながら、シンポジウム会場まで飛行機とタクシーを乗り継いで移動する。前年の11月中旬に京都の総合地球環境学研究所で行われたインダスプロジェクトの研究会でお会いした先生方とも、約2か月ぶりの再会である。1月とはいえ、日本よりはるかに南の台湾とほぼ同じ緯度である。当然気温は日本より高くて過ごしやすい。移動の道中、多くのウシが街中や郊外を練り歩いているのを目にした（図1）。背中にはコブを背負っていて、まるでヒトコブラクダのようである。まあ、実際には首の近くなので、ラクダとは少々印象は異なるかもしれない。それにしても、あのコブ、触るとどんな感触なのか。さ、触ってみたい。しかし、コブウシはなかなかの大きさで、おとなしそうとはいえ、少々おっかない。それに、ヒンドゥー教徒が神が宿るとして崇拝しているこの生き物を触って良いのか。気になりつつも、気がつけばシンポジウム会場に吸い込まれていた。どうしていきなりコブウシの話をしたのかというと、私は当時、大学院に入って最初に与えられた研究テーマであるインダス文明期のウシの骨のＤＮＡ分析に挑戦しており、とても身近な存在だったからだ。研究室の実験机で骨はずっと見てきたが、本物は初めてだったので、とても興奮したというわけだ。コブウシに会うだけでもインドに来た甲斐《かい》があったといえば、招待してくれた長田《おさだ》俊樹先生に怒られ

図1. 街を練り歩くコブウシ（著者撮影）

そうだが、正直なところ、シンポジウムの記憶は今となってはほとんどない。とはいえ、このインドへの出張で私にとって最も有益だったのは、このプロジェクトで分析している骨が出土したファルマーナ遺跡を、直接訪問する機会が得られたことだ。遺跡訪問の前夜に腹痛と発熱で寝込んでしまい、ここまで肉のないカレーに物足りなさを感じつつも頑張ってきたのに（グジャラート料理は肉、魚、卵、タマネギ、ニンニクなどが使えない）現地訪問もできないのか！　と絶望していたが、気合と根性か、翌日にはそれなりに回復して遺跡

訪問に参加することができた。

そこまでして現地訪問することの何が有益なのか。それは、分析している古代の骨がどのような環境に置かれていたのかを実際に見たり肌で感じることができるからである。骨に残るDNAの保存状態は、その骨が置かれている環境に大きく依存する。シベリアの冷凍マンモスのDNAは保存状態が非常に良いけれども、東南アジアの新石器時代の古人骨では結果を得るのに相当苦労する、といった具合だ。現地を訪問した1月末は非常に乾燥し、日中も日差しはそれなりだった。骨の保存状態に適しているとは言い難い環境という印象である。また、遺跡周辺を散策した時も、地面から露出した動物骨を時折目にした。私の指導教官の斎藤成也教授が遺跡で試料を採取したのだが、私のテスト用に採取されたウシの骨があったのもこれらのような環境だったのだろうか。以前に見せていただいた写真を思い出すと、状況はよく似ている。このような過酷な環境でDNAは残されているのだろうか。

翌年の2011年5月10日、ついにインダス文明期のヒトの歯を用いた実験に着手した。ウシの骨はどうした？　それには後で触れよう。この1年間、実に色々なことがあった。苦労して実験環境を整備し、実験スキルを磨き、江戸時代や縄文時代の人骨のDNA分析

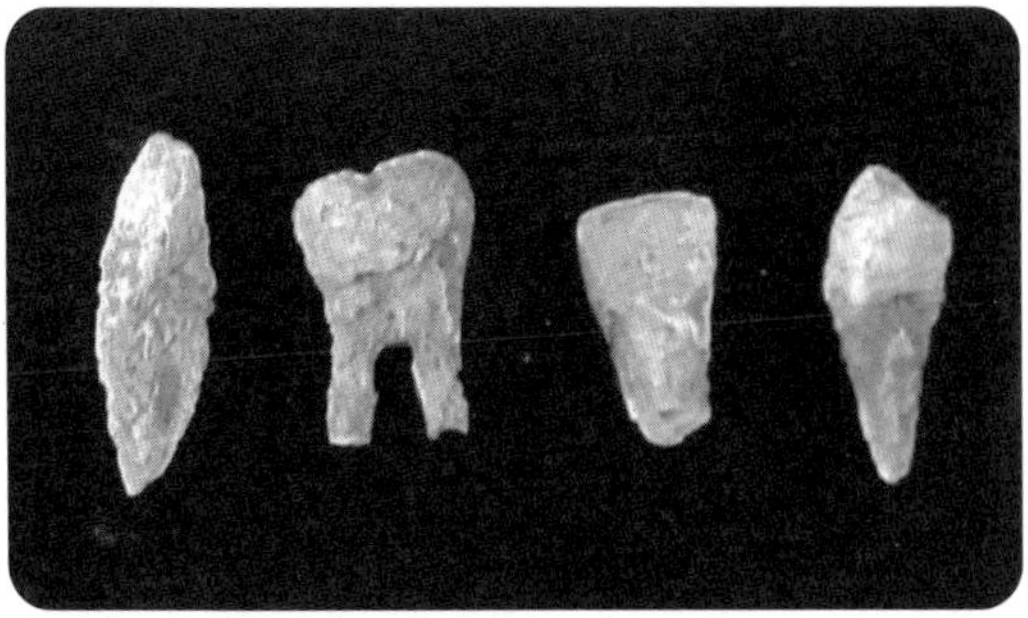

図2. インダスプロジェクトで分析したインダス文明期のヒトの歯（著者撮影）

を成功させてきた。もうチャレンジしても良い頃だろう。インダスプロジェクトのミーティングも今月末に控えているし（こっちが本音）、秋が提出期限の報告書を考えるとそろそろ成果も欲しい。古人骨のＤＮＡ分析のために新たに整備した実験室にて、全身をクリーンスペース用の服で覆い、手袋を二重にして試料を取り出す。あらためて分析対象の歯を見てみると、これまでに経験した江戸時代人や縄文時代人の臼歯よりも明らかに状態が悪く、軽くてボロボロだ(図2)。コラーゲンなどの有機物がしっかりと残っていれば、重さがそれなりにあり、形状もしっかりしているはずである。軽くてボロボロというのは悪い兆候だ。初めに、現代人のＤＮＡ汚染を避けるために、歯の象牙質の表面を薄く削る。うわ、真っ二つに割れた、と心の中で叫ぶ。脆《もろ》すぎる、壊れた、ムリ、[※1]次亜塩素酸処理ができない、と実験ノートからは当時の厳しい実験状況が窺《うかが》える。最終的に7点のヒトの歯のDNA分析をおこなったが、古代インド人のDNAを検出することはできなかった。ここに、インダス文明の古代DNA研究は終了した。

人類学からノーベル賞

この本の読者のうち、「古代DNA」あるいは「古代ゲノム」という言葉を聞いたことがある人はどのくらいいるだろうか。最近は、古人骨DNAや古代ゲノム研究という表現に触れる機会は少し多くなったかもしれないが、その理由の一つは2022年のスバンテ・ペーボ氏のノーベル生理学医学賞の受賞だろう。ペーボ氏は、長年にわたってこの分野の第一人者として研究を行ってきた分子人類学者である。このペーボ氏のノーベル賞受賞は、現在の人類学研究において古代ゲノム研究がどれだけ重要かを端的に示す象徴的なものといえる。2022年は日本人受賞者がいなかったこともあり、この人類学分野の一大ニュースが広くメディアに取り上げられたように思う。彼の功績と受賞の理由は、「絶滅したヒト属のゲノムと人類の進化に関する発見」をしたことで、旧人であるネアンデルタール人のゲノムが解読されたという研究を耳にした読者は多いだろう。もう少し詳しい読者は、私たちホモ・サピエンスのゲノムにも、旧人のゲノムが数パーセント入っていることも知っているかもしれない。現在は、両者のゲノム配列がわかっているので、ホモ・サピエンスとネアンデルタール人はおよそ60万年前に系統的に分岐したきょうだいだということがわかっている。しかしゲノムがわかる以前は、我々サピエンスとネアンデルタール人がどのような関係であったのかについては、長年にわたって議論がされてきた。そのような中、今では絶滅してしまったネアンデルタール人のゲノムを直接分析してその配列を明らかにし、我々ホモ・サピエンスとの遺伝的な関係を明らかにしようとする野心的な研究は、我々サピエンスのルーツに関わることもあり、我々の気持ちを熱くし、非常に興味を持たせ、ワクワクさせる研究であるといえるだろう。

私も、大学院進学を考えているときに、日本人のルーツに関する研究に触れる機会があり、その影響でこの分野に飛び込んできた。どのような人々がいつ、どこから、どのようにして日本列島に来たのか、我々の文化や言語との関係はどのようであるのか、漠然と

※1　家庭にもあるような塩素系漂白剤の次亜塩素酸ナトリウムのことである。骨の表面に付着したＤＮＡを分解するために、分析する骨や歯をどっぷりとこの液に浸す。数分程度浸した後に水で洗浄して乾かしてから、ドリル等で骨粉を採取してＤＮＡを抽出する。

した疑問がたくさん浮かんできた。私はそれまで、学部時代に生物学全般の教育を受け、DNAに関する知識もある程度は備えていた。このDNAを使うことで、私たち日本列島の人々のルーツを詳細に明らかにすることができるのではないか。これまでやっている研究をほとんど見たことがない、ならば自分がこの分野に飛び込んで研究をすれば、非常に大きな貢献をすることができるだろうと私は考えた。今となっては非常に浅はかで不勉強であったと思うが、その当時は自分がこの分野を変えてやるくらいの気持ちでこの世界に飛び込んでいったことを覚えている。私がこの分野に飛び込んで以来、これまで15年間古代人のDNAを分析してきた。ありがたいことに、私が大学院生として入学した2009年は、ノーベル賞を受賞したスバンテ・ペーボ氏も研究に導入した最新式の次世代シークエンサの黎明期で、古代DNA研究での成果がようやく出始めた時期だった。そのような中、日本の研究者として古代の日本列島人である縄文人や弥生人、古墳時代人の全ゲノム解析に着手することができたのは非常に幸運だったといえる。

古代DNA研究でのイノベーション

古代DNA研究とは、遺跡から出てきた遺物や博物館等に収蔵されている資料等のDNAを分析する研究である。分析対象は意外と幅広い。遺跡から出土した人骨や人骨の歯に付着した歯石に残るDNA、遺跡の土壌DNA、それになんと最近では、ウンチの化石(第2章を参照)のDNAも分析されているのだ。これらのDNAは、時間が経過する中で大部分が断片化され、分解されるため、ごくわずかしか残されていないことがほとんどだ。私が分析している人骨のDNAも大部分は分解されていて、分析は非常に苦労するし、DNAが検出できないこともある。分析の成功率がどれくらいなのか、気になる読者もいるだろう。遺跡の環境や時代に左右されるが、これまで分析してきた個体の半数以上で結果が得られていると思う。ただそれは、DNAが残っていそうな骨を選定した後での話である。古人骨のDNA分析は骨の一部を削って実験に使う、いわば破壊分析であるため、分析側としても、可能な限りの努力をして結果を出したいという思いで分析をしているが、どうやっても100%成功とはならない。そういう時は、タイムふろしきがあれば良いのに、とついつい考えてしまう。しかし、22世紀にドラえもんが生まれるまで分析を待っていては、研究が進まない。実際、１９８０年代に始まった古代ＤＮＡ研究は、これまでの先人の知識と経験の積み重ねで今日のような洗練された分析方法が確立されている。

ＤＮＡは、その人骨の遺伝的特徴を知るための手がかりとなる情報である。そのため、ＤＮＡをうまく回収し、その塩基配列を決定し、その配列情報を使った研究でうまく「料理」してあげれば、その人骨のルーツや我々現代人との関係を語ってくれる。この場合、おいしい食材はＤＮＡであり、料理のための道具類はＤＮＡ配列を決定するためのシークエンサや解析するための統計ツールになるだろうか。実験者は、腕の良いコックになれば良い。腕の見せどころである。おいしい食材（もとい、ＤＮＡ）を貴重な分析試料から最大限得るための工夫は長年にわたって行われてきた。私がこれまで行ってきた人骨のＤＮＡを抽出する技術も、１９８０年代初頭からその手法がどんどん改良されてきている。大事なのは、細かく断片化された微量のＤＮＡを回収するだけでなく、骨や付着した土壌などに由来するＰＣＲ反応を阻害するような夾雑物《きょうざつぶつ》も除くことである。初期の研究では、エタノール沈殿によってＤＮＡ抽出が行われてきていたようだが、最近では市販されている生化学実験に使う専用のキットで精度よくＤＮＡを回収することができる。このＤＮＡ抽出がしっかりしていないと、いくらこの後の実験や解析手法が改良されても、データを得ることはできない。DNA抽出方法は、全てを支える肝となる工程なのである。また、これまではDNAの保存状態が良好な部位として臼歯や大腿骨《だいたい》の骨幹部などが用いられてきたが、頭蓋骨の内耳のDNAの保存状態が特に良いという研究成果が2014年に発表されて以降は、内耳を使った古代DNA研究が多くなってきている。私たちの研究チームも、分析している人骨の半数近くで内耳を用いており、全ゲノム解析が可能な人骨は増えた。つまり、昔よりもおいしい食材が一段と手に入るようになったのである。では道具はどうだろうか。道具の発展も著しいものがあった。新型コロナを経験した我々にとってはもはやなじみとなったPCR（polymerase chain reaction）が1983年に開発されると、ごく微量のDNAの検出も可能になった。PCRは、DNAポリメラーゼ（DNAの複製を行う酵素）とプライマー（複製の際の足場の役割を果たす）を抽出DNAと混ぜ合わせ、温度条件を調整しながら2、4、8と倍々方式でDNAの複製を繰り返す。原理的には40サイクルも回せば1兆倍に増幅するので、たとえ分析したいDNAがわずかしか残されていなくても、DNAの有無を検出したり、専用の配列決定装置（シークエンサという）で配列を決定することが可能なのだ。また、近年の古代ゲノム研究の中で最も重要なイノベーションは、２００６年に開発された次世代型のシークエンサ（総称して次世代シークエンサ（next generation sequencer：ＮＧＳ）と呼ばれている）が登場し、さらには古代人ＤＮＡ研究に導入されたことである。抽出ＤＮＡを網羅的に配列決定するこの革新的な機械の登場により、これまでミトコンドリアＤＮＡのごく一部の数百塩基しか分析できなかった状況から、32億塩基対という膨大な遺伝情報を持つ核ゲノムの配列を解読し、研究を行うことが可能になったのである。まさに、新たな世界が見えるようになったと言って良い。また、それらの膨大な配列情報をより効率的に取得するために、実験手法もどんどん洗練されていった。はじめの頃は、ＤＮＡをそのまま配列決定していたが、古人骨から抽出したＤＮＡの大部分はバクテリアＤＮＡで、ヒトＤＮＡはほとんど含まれていない。ヒトＤＮＡだけを用いて研究をしたい我々にとっては、余計なゴミが大量に含まれている状態なのだ（ただし、別の研究者にとっては宝物の場合もあるので注意）。そのような抽出ＤＮＡでも、ヒトＤＮＡだけを特異的に回収する実験手法が確立されたことで、安価にかつ効率的に大量に古人骨の全ゲノム分析が行えるようになった。さらに、これまで得られなかった膨大なデータが手に入るようになると、それに呼応するように統計手法もどんどん洗練されていった。

図3.古代DNAの実験スペース
学生時代に国立遺伝学研究所で使用していた古代DNA用の実験スペース。

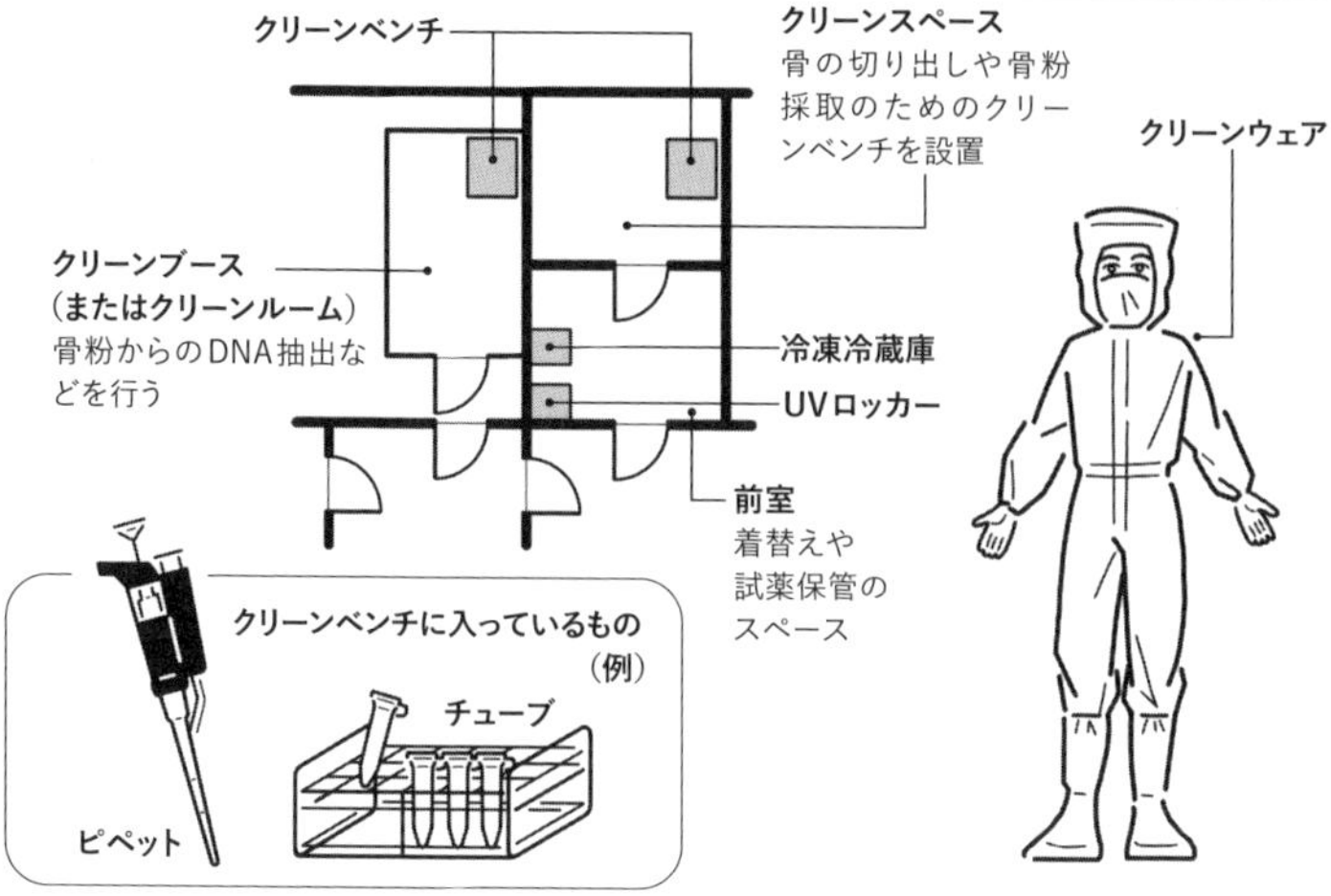

研究は、手を動かしてなんぼである

先ほど書いたことの繰り返しだが、古人骨のDNAは大部分が分解され、ごくわずかしか残っていない。そのため最も恐ろしいのは、外部からヒトDNAが混入して汚染し、古人骨のDNA情報が得られなくなることである。それらの汚染のことをコンタミネーション、略してコンタミと言う。汚染源は多岐にわたり、実験者自身のDNAや、数万〜1兆倍に増幅されたPCR産物、購入した実験試薬に（誤って）混入した由来不明のヒト

ＤＮＡなどがある。私が国立遺伝学研究所の斎藤研究室に在籍し、古代ＤＮＡ分析に着手するようになった時も、古代ＤＮＡでのコンタミの恐ろしさは最初にしっかりと教育された。なにせ、貴重な骨を粉にして実験に用いたら、その骨粉はもう二度と戻ってはこないのだ。一発勝負。町工場の職人たちや、病院で手術をする執刀医たちは常にこのような気持ちなのか。この勝負を可能な限り１００％にするには、微量ＤＮＡを扱うための専用の設備を設置する必要がある（図３）。前室で服を着替え、ＵＶ照射したクリーンウェアで全身を包む。マスクとキャップをし、わずかに肌が見えている目の部分も、フェイスガードで露出を避ける。ちなみに、着替えの時にはクリーンクリームというものを露出部分に塗り、皮膚などが剥がれ落ちないようにするなど、体からのＤＮＡ汚染を最小限にする。手袋は二重にして、頻繁に外側を付け替える。クリーンスペースでは、ドリルで骨や歯を削って骨粉を採取する。続いて、クリーンブースに移動し、ＤＮＡ抽出を行う。クリーンブース内は狭くて試薬用の冷凍庫が置けなかったので、前室の冷凍冷蔵庫から毎回持ち運んでいた（抽出したＤＮＡの保管も、この冷凍冷蔵庫だった）。それと、微量ＤＮＡを骨から抽出する技術を習得することも重要である。

しかし、斎藤研究室ではこれまで古代ＤＮＡの実験は行われたことがなかったため、実験設備もなく、実験手法も定まっていない。そのため私自身がその両方を初めから準備する必要があった。そのときに何より重要なのは、先人たちの知恵である。私の場合、東京大学の植田信太郎教授（現在は東京大学名誉教授で東邦大学医学部客員教授）、植田研究室の博士課程だった熊谷真彦《くまがいまさひこ》さん（現在は農研機構高度分析研究センター主任研究員）、斎藤研究室の隅山健太助教（現在は名古屋大学農学部教授）から具体的なアドバイスをいただけたので1年ほどで手法の検討から環境整備まで行うことができた。それがなければ、研究は遅々として進まなかっただろう。それでも実際に検討して手を動かして準備するのはなかなか大変である。もうひとつ、先人の知恵の宝庫で頼りになるのは、すでに世の中に発表されている古代DNA研究の論文だ。そこでまずは、様々なDNA抽出法のどれが適しているのか、また、骨のどこにDNAが存在する（残っている）のかを論文等で調べるところから始めた。しかしこれがドツボにハマってしまい、苦しむことになってしまった。当時、30本ほどの古代DNAの論文を読んで実験手法を比較したのだが、細部まで見るとどれも手法が異なるのである。古代DNA実験の経験がない学生の私には、どれが最適なのかわからない。DNAの抽出方法ひとつとっても、フェノール・クロロホルム抽出法とシリカ法のどちらが良いか。シリカ法はフェノール・クロロホルム法と比べてDNA

回収率が悪いが、夾雑物を除去する点で優れており、PCRへの影響が少ない。こっちを立てれば、あっちが立たないのである。

別の問題もある。論文で記載されているだけで実際に作業を見たことがないから、作業をイメージしにくいのだ。実際に古代の骨を使って試したいが、貴重な試料をそんな練習台に試しても良いのだろうか。やはりもう少し情報収集してからにしよう、と踏みとどまる。結局、方針も定まらないまま、ずるずると時間が過ぎていった（ウシの骨はとても大きいので、結局、その後は色々な検証実験で大活躍した）。これではいつまで経っても研究は進まない。見かねた隅山先生から、まずは手を動かしてみなければ始まらないよ、とアドバイスをいただいた。夏頃だったかと思う。DNA汚染を起こしてしまうかもしれないという不安はあったが、それでも前進するために実験の準備を進め、ようやく2009年11月上旬には実際に骨を使った実験を開始した。11月中旬に行われるインダスプロジェクトの研究会で経過報告をする必要があり（冒頭で述べた通り）、それに間に合わせる必要もあった。

初めに分析に用いたのはインドのインダス文明の遺跡から出土したウシの骨である。私が古代DNA研究に着手するにあたり、最初の課題として斎藤先生が選んだ試料だ。古代のウシの骨は、初めて古代ＤＮＡを分析しようとする私にとっては最適な課題である。というのも、実験者のヒトのＤＮＡが混入するリスクはあっても、ウシのＤＮＡが誤って混入するリスクはそこまで高くはないからである。また、インドの古代ウシのDNAを分析することは研究テーマとしても重要というのがある。現在のインドのウシは背中にコブのあるコブウシだが（図４）、インドの言語はヨーロッパが起源のインド・ヨーロッパ語族に属しており、インダス文明期に背中にコブのないヨーロッパ系の普通のウシの系統が存在した可能性もありえる。インダス文明期のウシはインド系かヨーロッパ系か。目印となるコブの有無は遺跡から出てくる骨の形態からはわからないので、遺跡のウシの骨のＤＮＡを直接分析するのは極めて有効な手段なのである。

図4. コブウシ（著者撮影）

私の最初の古代ＤＮＡ分析はヒトではなくてウシからスタートしたわけだが、コンタミをそこまで心配する必要はないので、ウシの骨のＤＮＡ分析では比較的安心してスムーズに作業が進められるはずだった。しかしここで問題が生じた。ヒトの古代DNA研究では、歯でDNAの保存状態が良好であることが明らかとなっている。なので、古代ウシのDNA分析でも歯を使うことにしたのだが、ヒトとウシの歯の構造は大きく異なっている（図5）。歯はエナメル質と象牙質でできており、DNAを含んでいるのは象牙質だが、これから実験するウシのどこが象牙質なのかが、手元の現物の歯を見ても今ひとつわからない。そもそも歯種がわからないので自分なりに文献を調べてみると、どうやら臼歯のように見える。ウシの臼歯は断面で見るとエナメル質が四重に配列し、その間に象牙質とセメント質が挟まっていると文献には書いてある。そこで、ウシの歯のDNAがあると推測される箇所をドリルで粉にして回収しようと試みたが、乾いた土のようなものばかりが回収されてくる。終いには、作業中に歯が真っ二つに割れてしまった。今ならば、保存状態が悪く、有機物もほとんど残っていなかったのではないかと推測できるが、当時はそれらもわからないので、剥《む》き出しになった内部

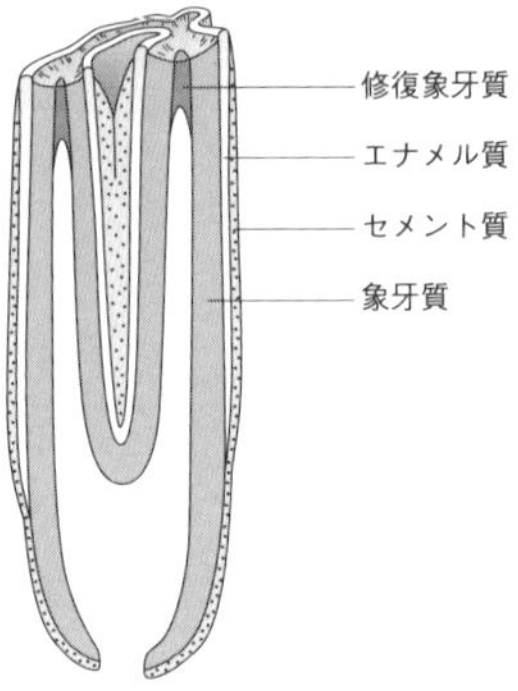

図5. ウシの歯の構造（イラスト：青木 隆）

の象牙質と思われる箇所を削って回収し、DNA分析を行ってみるしかなかった。このようにして行った最初のDNA分析では、残念ながらウシのDNAは検出されなかった。その後、四肢骨などでもDNA分析を試みたが、一向に結果は得られなかった。その後も執念深く、翌年の9月上旬まで何度も古代ウシにチャレンジした。その間、ただ闇雲に実験をこなしていたわけではなく、DNA抽出方法からPCRの条件検討など、実に多くの検証をこなしていった。それによって、古代DNAの実験に関する知識と経験は着実に積み上がっていった。そして、ウシの骨では結果は出なかったが、この期間の経験と得られた情報は、その後のヒトの古代試料を用いた研究ですぐに成果に繋《つな》がっていった。手を動かしたことで、次へと前進することができたのである。

コンタミをなくせ！

実験手法の検討と並行して進めたのが、ヒトDNAのコンタミを起こさない実験環境の整備である。当時、研究室のある国立遺伝学研究所には、南極の氷から微生物を採取して

DNAを分析するプロジェクトのためのクリーンブースが設置されていた。このコンタミを避けるための作業空間を使わせていただけることになった。また、骨を処理するための作業スペースとして、隣接する実験室の利用も可能になり、実験環境は徐々に整備されていった。次に必要なのは、コンタミを起こさない実験スキルの習得である。さて、どうやってトレーニングを積もうか。そこで私は、またもやウシの骨を用いることで、ヒトDNAの汚染が起きない実験スキルの習得に取り組むことにした。どういうことか？　ウシの骨からDNAを抽出した場合、抽出後の溶液にはウシのDNA（と大量のバクテリアDNA）が含まれる可能性はあるが、ヒトのDNAは含まれないはずである。もし含まれていたら、それは実験中に生じたコンタミである。さて、実験がうまくいったとして、では、ヒトのDNAがコンタミしていないことはどうやって確認しようか。そうだ、PCRがあるじゃないか。ヒト特有のプライマーを用いてPCRを行って、もしPCRの増幅産物が得られなかったら、ヒトDNAのコンタミは起きていないといえる（これが理想）。だがしかし、もし、万が一、PCRの増幅産物が出てしまったら（思わず悲鳴が出てしまうが）、それは作業中に生じたヒトDNAのコンタミということになる。しかし実際には、3日間に及ぶ実験でヒトのDNAを全く汚染させないように実験をこなすのは、なかなか大変である。分析対象は微量なDNAなので、ちょっとでもコンタミしたら終わりである。どれくらいシビアかというと、現生サンプル（今生きている生物のDNA）を使う場合よりも理論上数千倍ほど検出感度を上げている。通常、現生サンプルのDNAを使ったPCRでは25～30サイクル程度の増幅で十分だが、古代DNAではそもそものDNA量が非常に少ないので38～42サイクルも増幅をかけないと増幅産物が検出されない。そのため、ごくわずかなDNA汚染でも相対的に負けてしまい、結果に影響を与えてしまうのだ。コンタミを防ぐために細心の注意を払っているが、作業時間も長いので、もはや自分の呼吸で吐く息すらコンタミ源となっているかもしれない。私が構築した実験環境と習得した実験スキルでは、さすがに42サイクルも回すと、稀《まれ》にごく微量のヒト由来のPCR産物が生じてしまうことがあった。古代ウシの骨からのDNA抽出液なので、明らかにコンタミである。コンタミといえば、2011年に全国の警察がDNA鑑定に使用している米国製検査キットの一部に、製造工程に関わっていた従業員のDNAが混入していたことが明らかになり、ニュースになっていた。日本の警察庁科学警察研究所が混入の可能性に気づいて問い合わせたことで発覚したようだが、おそらく混入はごくわずかだったのだと思うし、よく気がついたものだと思う。私も、似たような経験をしたことがある。ある時、縄文人のDNAを次世代シークエンサで分析し、今回はかなり良いデータが得られたと喜んで詳細を分析したら、なんとDNA配列がアフリカ人のものだったのだ。同じ実験室にアフリカ人の学生はいたが、彼は古代人のDNA実験には一切関わっていなかったし、実験場所も独立していたので、彼からのコンタミは考えられない。おそらく試薬にアフリカ系のヒトのDNAがコンタミしていたのだろう。しかし、どの試薬に混入していたのか、その原因を調べるのは現実的ではない。そういう時は、泣く泣く実験に使った試薬の一部、あるいはひと通り買い換えることになる。同じコンタミを別の試料で繰り返すわけにはいかないからだ。他にも一度だけ、自分自身のDNAだろうと思われるコンタミを起こしたことがある。同じ人骨から二度のサンプリングを行ってDNA分析したところ、2つの結果が異なり、片方は自分と同じDNA型が出てしまったのだ。また、古代ウシのDNA実験でも、一度だけコンタミを疑う結果が得られたことがある。ウシ特有のプライマーを用いてPCRをしたら、ウシ由来の増幅産物が得られたのだ。ウシのDNAが含まれていなければ、増幅産物が得られるはずがない。これはもしかして成功か？　とドキドキしながら配列決定をしたところ、コブウシではなく、コブのない普通のウシのDNA配列だった。これはまさかの大発見⁉　いやいや、ここは慎重に行くべきだ。落ち着け。同じ実験を繰り返して、結果が再現されるかを確認するんだ。その後、何度か実験を繰り返したが、結局、同じDNA抽出液からは二度とPCR産物を得ることはなかった。おそらく、どこかでコンタミしたのだろう。ではどこからのコンタミなのか。残念ながら、PCRで増幅が見られた日の昼ご飯に牛肉が出たかは覚えていない。現生のウシのPCR産物が誤って混入したのかもしれない。他のコンタミとされる研究例として、1994年に、8千万年前の白亜紀の恐竜化石からDNAを抽出した、という研究結果が報告された。まさに映画ジュラシックパークの世界のような研究成果である。その翌年には、恐竜の卵についても報告されている。さらに古いものとして、2億5千万年前のバクテリアのDNA配列が決定されたという研究が2000年にされているが、果たして本当か。残念ながら、その後にDNAの保存期間やDNA汚染に対する理解が深まると、それらの化石DNAは本物ではなく、コンタミによるものとされるようになった。それだけ長期間にわたってDNAが残存することはあり得ないのである。

コンタミは非常に恐ろしく、誤った結果を世に出してしまうことになりかねない。しかしそれを乗り越えて得られた成果はとても興味深く、人々の関心を引き寄せるのも確かである。2022年12月には、最古のDNAの記録を更新し、ついに200万年前のグリーンランドの永久凍土層からＤＮＡが得られたとする論文が発表された。永久凍土層の限界は２６０万年前で、それ以前は温暖で永久凍土層は形成されていないので、ほぼ限界まで達したといえる。それ以外にも、シベリアの永久凍土から発掘された56万〜78万年前のウマの骨や１００万年以上前のマンモスなど、前期〜中期更新世の化石にもＤＮＡは残されている。これらの化石のＤＮＡは、絶滅種と現生種との関係や進化過程を明らかにするための重要な情報を与えてくれる。人類学分野でも、２０２２年に新たにネアンデルタール人13体のゲノムが解読され、ネアンデルタール人は非常に小さなコミュニティで生活し、女性が主にコミュニティ間を移動していた（嫁いでいた）といった社会構造を探る研究がなされるなど、毎年、もしかしたら毎月、大きな成果が発表されている。また、ＤＮＡ研究ではないが、最近も報告されている小惑星探査機「はやぶさ２」の成果には親近感を覚える。なにせ、「はやぶさ２」カプセル内の空間から小惑星リュウグウの物質に由来するガスを検出したり、粒子からヘリウムなどを見つけたり、さらには20種以上のアミノ酸を確認するなど、微量の物質を対象とした研究をこなしているのである。私たちの住む地球は、多くのガスや生物由来のアミノ酸といったコンタミ源であふれている。私よりはるかに厳しい実験条件で研究が行われているに違いない。そのような中、どうやってコンタミを防いでいるのだろうと技術的なところには非常に興味があるし、そこから結果を得るまで相当の苦労があっただろうとニュースに触れるたびに感動するのである。

ヒトDNAへの着手
――江戸、鎌倉、そして縄文人のDNA分析へ――

ヒトの古代DNAに挑戦するための実験環境とスキルは整ったので、いよいよ古人骨を対象とした実験に着手した。2010年8月のことである。大学院で研究の進捗を報告する中間発表も、9月上旬と迫っている。急いで研究を進めなければならない。東京大学総合研究博物館には、明治時代から収集されてきた貴重な古人骨が保管されている。斎藤先生が博物館の諏訪《すわ》元《げん》教授（現在は東京大学総合研究博物館特任教授）に相談してくださり、最終的に江戸時代、鎌倉時代、縄文時代の古人骨試料を分析する貴重な機会をいただいた。最終的な目標は縄文時代の人骨のDNA分析に成功することであったが、まず初めに分析したのは江戸時代と鎌倉時代の人骨である。なぜなら、当時の私はまだ古代のサンプルでのDNA分析に成功しておらず、まずは微量DNAを検出できるかを確認する必要があったからである。まずは、頭蓋骨からのサンプリングである。初めに検討したのが、トレフィンバーという骨のくり抜きに適した構造をしたドリルだ。人骨の損傷を最小限にするために検討した採取方法の一つである。本来の用途も、口腔《こうくう》外科で骨などを切削して除去するものらしい。ウシの骨で試した結果を諏訪先生に見ていただき、納得していただけたので鎌倉材木座から出土したヒトの頭骨片で挑戦することにした。そんなに分厚い骨ではないのだが、想定より緻密質が硬くてうまくくり抜きが進まない。と思ったら、今度は緻密質の下にある海綿質に突入して、トレフィンバーが一気に頭骨片を貫通してしまった。取れたと思ったコア部分も粉々になっている。仕方がないので、貫通した穴の内壁から分析用の骨粉を回収した。残念だが、トレフィンバーは薄いサンプルでは使えないし、緻密質でもくり抜きがそもそも難しいかもしれない。そうなると、ダイヤモンドカッターでの切り取りやドリルによる削り取りが現実的である。続いては臼歯である。臼歯の場合、歯根部をダイヤモンドカッターで切断し、内部をドリルで削りながらチューブに回収するという方法を取ることになる。歯の表面は発掘後に多くの人が触れている可能性があってDNA汚染のリスクがあり、土壌由来のバクテリアDNAなどの余計なDNAも

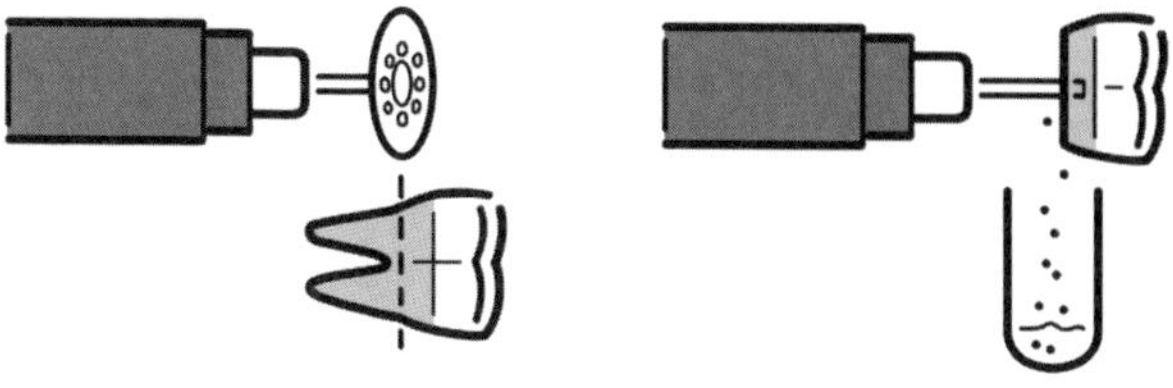

図6. ダイヤモンドカッターとドリルを用いて、DNA分析用の骨粉を回収

多く含まれる可能性があるので、分析では避けるのが望ましい。

早速、江戸時代の深川遺跡の臼歯で挑戦してみる。まず、指でエナメル質の部分を掴《つか》み、次にその5〜10ミリ先の歯根部を高速回転するダイヤモンドカッターで切断していく（図6）。なんとも危ない作業である。続いて、切断によって露出した歯髄腔の内部をダイヤモンドドリルで削っていく。削り取りでは、削った骨粉を滅菌したアルミに落とし、それを実験用のプラスチックチューブ（2・0㎖チューブなら、小指の第二関節くらいまでの大きさ）に回収するのが基本だと思うが、それだと広げたアルミに落ちた汚染物が骨粉に付着して一緒に回収されてしまうかもしれない。コンタミのリスクは最小限にしたい。そこで私は、臼歯を保持したまま、2・0㎖のチューブの蓋を開けて、その上で歯髄腔を削り、うまくチューブ内に骨粉を落として回収した。ダイヤモンドドリルは、先ほどよりももっと指に近い。特に削り出しは穴ができていないので、ドリルで一点を削り続けるのは意外に難しく、先端がブレてしまうことがある。実際、何度か手袋を巻き込んで回転が停止したことがある。手袋は二重なので怪我はなかったし、何度か巻き込みを経験すると、またやらかしたくらいにしか思わなくなったが、最初の頃はヒヤッとする瞬間であった。骨からのDNA抽出は、Nadin and Hofreiter（2007）のシリカ法を用いた。ウシの骨を使っていくつかの方法を検証した結果、最も良いと判断されたからである。ちなみに現在は、それよりもさらに適したDNA抽出キットであったり、DNA抽出法が考案されたりしている。DNA抽出は、全ての古代DNA研究の肝となるところである。そこがしっかりしなければ、次世代シークエンサやターゲットエンリッチメントなどの技術が発展しても、それを生かすことができないのである。

PCRによるヒトDNAの検出実験では、ミトコンドリアDNAを分析対象とした。当時はまだ次世代シークエンサが古代DNA研究に普及する前だったので、古代DNA研究ではほとんどがミトコンドリアDNA上にあるHVR領域（1000塩基程度）などが分析対象であった。では、なぜミトコンドリアDNAなのか。ミトコンドリアDNAは、細胞の中の細胞小器官に含まれるDNAである。核DNAは両親から受け継いだ2セットしかそれぞれの細胞内に存在しないが、ミトコンドリアDNAは数百～数千コピーが存在

表1. ミトコンドリアDNAの3つの断片長で推定された半減期

温度	各断片長のDNAの半減期			1万年後の平均断片長
	30塩基対	100塩基対	500塩基対	
25°C	500年	150 年	30年	2 塩基対
15°C	3,000年	900年	180年	13 塩基対
5°C	20,000年	6,000年	1,200年	88 塩基対
-5°C	158,000年	47,000年	9,500年	683 塩基対

するため、確率的に古人骨でも残りやすい。また、DNAは数百塩基（対）以下まで分解されていると考えられるので、DNA分析にはさらに工夫が必要である。生物の死後、DNAは急速に分解されていく。細胞が壊れて分解酵素が剥《む》き出しになって分解され、バクテリアが侵入して分解し、骨だけになった後も乾燥や熱、加水分解、その他の化学反応によって断片化や劣化が指数関数的に進行していく。面白い研究例がある。ニュージーランドの絶滅した巨鳥・モアを用いてDNAの分解速度を調べた研究で、例えば表1の100塩基対のDNA断片が15℃の環境に置かれた場合、半減期（その長さのDNAの量が半分に減少する時間）は900年であるが、より長い500塩基対では半減期はわずか180年である。もっと長いDNA断片はもっと分解が早く、古人骨では1000塩基対を超えるようなDNA断片はほとんど残っていないことは予想がつく。気温も大きく影響を与えてい

て、同じ100塩基対でも、25℃と5℃では分解速度には雲泥の差がある。1万年前の古代DNAの平均断片長を推定したモデルでは、15℃でなんと13塩基対まで分解されているらしく、少なくとも気温が15℃以下の環境で骨が埋没していないと、1万年以上の古い骨のDNA分析は絶望的ということになる。ただこれは、あくまで平均的な数字であり、骨の間でのばらつきも大きいので、たとえ1万年以上でも分析に成功する可能性は十分ある。2010年に全ゲノムのドラフト配列が報告された4万年前のネアンデルタール人（クロアチアのヴィンディジャ洞窟）で成功しているのが、何よりの証拠である。

さて、話を戻すと、まずチャレンジする江戸時代と鎌倉時代の人骨だが、古代DNAは数百塩基（対）程度まで非常に細かく断片化しているので、HVR領域を5つの区画に分け、200塩基（対）程度まで短くなっていても検出可能な実験デザインを設計した。最初のヒトの歯を用いた実験は慎重に作業を進めていき、幸いDNAの状態が良かったようで、どちらの時代の人骨からもうまくDNA配列を決めることができた。江戸と鎌倉で成功したので、いよいよその2日後、縄文時代の福島県三貫地《さんがんじ》貝塚《かいづか》の臼歯4点にトライすることにした。実験は期間を空けずに行ったほうが、技術的にも安定するし、望ましい。ともっともらしいことを書いてみたが、8日後の10月頭に開催される人類学会大会でポスター発表するからというのが最大の理由である。歯の状態は良好であったため、結果が出ると期待していたのだが、しかしこれはなかなかの難敵であった。抽出したDNAから何度かPCRによる増幅を試みたが、それらしいPCR産物は得られない。分析した縄文人骨は、3000年前の試料であることに加えて、発掘から50年ほど経過している。もうDNAが残っていないのだろうか。諦めきれない私は、のちに共同研究で日本の古代人ゲノム研究を進める山梨大学の安達登先生の論文に着目した。安達先生の論文では、APLP法という手法で、縄文人のミトコンドリアDNAを高感度で検出していた。このAPLP法では50〜100塩基（対）と非常に短く断片化したDNAでも分析が可能となるように設計されていた。そこで、学会から戻ると早速、60〜90塩基（対）程度まで断片化したものでも検出可能な実験デザインを構築し、再実験を行った。そうするとなんと、PCRで増える増える！　42サイクルも回しているので、DNAがとても多いというわけではないが、PCRで安定して増幅産物が得られたのである。その年の学会発表には結果が間に合わなかったが、縄文人骨のミトコンドリアDNA分析の成果は翌年の人類学会で無事に発表することができ、最終的に2013年に論文として発表することができた。ちなみにこの節の冒頭で触れた9月の研究中間発表であるが、「どうやってコンタミではないと証明するのか」、「40サイクルで電気泳動像にこのバンドは出過ぎ（ヒトのコンタミらしきPCR産物に関して）」、「ミトコンドリアDNAだけでは不十分」といった、厳しいがもっともな指摘を受けた。技術的なところはもちろんであるが、これらの問題を解決して研究をより発展させるには、次世代シークエンサを用いた核DNA分析までを視野に入れていく必要がある。

ついに次世代シークエンサに挑戦！しかし、大失敗した最初のシークエンス

ノーベル賞受賞者のスバンテ・ペーボ氏の著書によると、ペーボ氏が次世代シークエンサを用いて古代人ゲノム研究に着手したのは2005年で、翌年には2年以内にネアンデルタール人のゲノム解読を行うと宣言している。実際にはデータ取得が2009年までかかっているが、2010年5月に米国学術雑誌「サイエンス」に論文が発表されている。私はというと、この論文を見て初めて古代人の全ゲノム分析が可能であることを知り、こ

れは自分の研究にも取り入れたいと考えた。しかしすぐに、それは現実的ではない、と思うようになった。その理由は「予算」である。次世代シークエンサを使ったシークエンス費用はとても高い。1回のランあたり数十万円はかかり、大量のデータを取ろうとしたら、1検体あたり100万円を超えることもあるのだ。また、次世代シークエンサにかけるために前処理をする試薬もそれなりにかかる。私にとって、次世代シークエンサを使った研究は遠い世界のように感じられた。

全てが動き出したのは2011年の秋である。同じく国立遺伝学研究所の人類研究部門の井ノ上逸朗教授と細道一善助教（現在は東京薬科大学教授）の協力を得て、次世代シークエンサを用いた縄文人ゲノム分析に着手できることになったのだ。また、11月上旬の人類学会で、国立科学博物館人類研究部のグループ長だった篠田謙一先生（現在は国立科学博物館館長）にお声がけいただき、博物館が持つクリーンルームを使用して新たな縄文人骨を分析できることになった。後日聞いたのだが、学会発表で報告した縄文人のミトコンドリアDNA分析結果を見て、（コンタミではなく）きちんと結果を出せているので、これならば任せられると判断したらしい。苦労して結果を出した甲斐があったとあらためて思ったのである。

翌年の１月から、博物館のクリーンルームにて、実験を開始した。博物館の筑波研究施設までは、４時間はかかる。大学院の博士号を取得するまでの２年間、始発の電車に乗り込んで９時に筑波研究施設に到着し、そこで数日実験をしてまた帰るということを何度繰り返しただろうか。いつしか、数日間の実験を頑張ったご褒美に、決まったお店でお菓子を買って帰るのがルーティーンになっていたのも、今思い返すと懐かしい。貧乏学生の、密かな楽しみである。その頃、博物館では千葉市の大膳《だいぜん》野《の》南《みなみ》貝塚から出土した縄文人骨のＤＮＡ分析を進めていた。そこで、博物館で実際に実験を行っていた特別研究員の角田恒雄先生（現在は山梨大学医学部助教）から人骨のＤＮＡ抽出法を習い（私が行っていた手法とかなり違って新鮮であった）、並行して、次世代シークエンサの前処理に必要な試薬の購入と、プロトコル（実験手順）の確認を進めていった。２月に入りいよいよ、大膳野南貝塚から出土した縄文人骨２点と江戸人骨１点の抽出ＤＮＡを前処理し、次世代シークエンサ用の[※2]ＤＮＡライブラリの作成を試みた。作成方法自体は至ってシンプルである。抽出ＤＮＡをそのまま次世代シークエンサに入れても認識してくれないので、ＤＮＡの両端にアダプター配列と呼ばれる60塩基対ほどの特定のＤＮＡ配列を付加してＰＣＲ増幅する、それだけである。サンプルも少なく、キットの試薬を混ぜて反応させる作業を３回やるだけなので、実験は6時間半程度で終了した。

国立遺伝学研究所に戻り、井ノ上研究室にあるバイオアナライザーで電気泳動し、作成したDNAライブラリをチェックする。綺麗《きれい》に出来上がったDNAライブラリを期待したのだが、何かおかしい。プライマーダイマー[※3]なのか、アダプターダイマー[※4]なのか、いずれにしても本来あって欲しくないバンドが複数見られたのである。これはやらかしたか？と思い、井ノ上先生に相談をする。先生の意見としては、ダイマーらしき短断片をゲル切りで除去すれば大丈夫ではないかとのこと。不安を感じながらも、ゲル切り後のDNAライブラリを、井ノ上先生と細道先生に託し、次世代シークエンサの結果を待った。

待つこと2週間、私の予想より遥《はる》かに早く結果が帰ってきた。結果は「失敗」である。ヒトDNAどころか、使えるデータがほとんど得られなかったのである。十中八九、作成したDNAライブラリのせいである。ガックリきたのは言うまでもないが、もっと辛いの

※2　抽出DNAに酵素でアダプター配列を付加したもの。次世代シークエンサはアダプター配列を起点に配列を解読していくので、次世代シークエンサを用いて網羅的に配列解読するためには必要な工程となっている。

※3　DNAライブラリをPCR増幅するときに用いるプライマーという一本鎖DNAが、互いの3'末端で塩基対を形成して増幅された、目的外のPCR産物。PCRでは、プライマー濃度が高いほど増幅は良くなるが、プライマーダイマーが生成されるリスクも高まる。

※4　DNAライブラリ作成で使うアダプター同士が結合することで生じる。

は井ノ上先生であろう。数十万円かけて、データなしである。これも経験だ、で片付けるには代償が大きい。もっとしっかりと検証して大丈夫だという確信のもとに分析依頼をするべきだったと後悔する。原因はおおよそ見当がついている。プライマーの濃度が高すぎたのだ。古代DNAの量が少ないとプライマーダイマーができやすい。となると、縄文人のDNAはかなり量が少ないのだろう。ネアンデルタール人のゲノム論文を参考にして作成したプロトコルだったが、ネアンデルタール人のDNAは縄文人よりよっぽどDNA量が多くて保存状態が良かったに違いない！　と根拠もなく言い訳をする。ではどれくらいの濃度が最適なのか。最初に試した400nMでは濃いらしい。条件検討をした結果、100nMでうまくいくことが確認された。アダプターダイマーは相変わらず多いが、それはゲル切りで除去すれば良い。実験手法として確立されたので、次に、自分がこれまで扱ってきた三貫地縄文人の抽出DNAでDNAライブラリ作成を試みた。うん、うまく作成できている。では、これを次世代シークエンサでシークエンスすれば良いか？　いや、これだけでは事前チェックが不十分だ。なぜなら、本物の縄文人DNAが含まれている保証はないからだ。仮に本物のDNAがあったとしても、コンタミしていない保証もない。では何をすれば良いのか？　そこで思いついたのが、作成したDNAライブラリをミトコンドリアDNA分析で評価することである。すでにこの縄文人は、抽出DNAから直接ミトコンドリアDNA分析をしており（というか、2013年に出した最初の論文のデータであり）、ハプログループN9bの突然変異を有することが確認されている。ということは、同一の検体から作成したDNAライブラリを使っても同じ結果となるはずである。N9bの突然変異を含む領域をプライマーで増幅してクローニングし、同様の突然変異をもつか、コンタミしていないかを確認したところ、問題ないことが確認された。ようやく自信を持って、作成したDNAライブラリのシークエンスを井ノ上先生と細道先生に依頼した。

次世代シークエンサがもたらした縄文人DNA研究の大躍進

得られた大量の配列情報の解析を進めていくと、どうやら縄文人のゲノムのおよそ4％ほどの領域で配列情報が得られているようである。たったの4％と思うかもしれないが、それでも1億塩基を優に超えており、これまでのミトコンドリアDNAのHVR領域の

1000塩基を分析していた時と比べると、情報量は桁違いである。これだけあれば、ゲノム全体に広く散在している一塩基多型（SNP）を用いて、現代人ゲノムを扱うときと同様の統計解析ができるに違いない。

今更であるが、縄文人は、日本列島で1万6千年前から3千年前まで続いた縄文時代の狩猟採集民である。縄文人と現代の日本列島人との遺伝関係については、1991年に埴原《はにはら》和郎が形態的形質をもとに提唱した「二重構造説」[※5]が、その大筋を説明している。縄文人の形質は、同時代の中国集団とは異なり、東南アジアの旧石器時代人と共通する形態的特徴を持っている。そのため二重構造説では、日本列島の最初の居住者は後期旧石器時代に移動してきた東南アジア系の集団で、縄文人はその子孫であるとしている。また、弥生時代以降に大陸から渡来系集団が日本列島に流入し、在地の縄文系集団との混血が進んだが、北のアイヌと南の琉球列島集団は、本土集団よりも縄文人の遺伝要素を濃く受け継いでいるとしている。要するに、九州北部から混血を開始したので、列島の両端では渡来系集団の影響が弱いのである。これは最近の現代人のDNAを用いた研究からも支持されている。では、縄文人のゲノムを使った解析ではどうだろうか？

なんと言っても、最初に気になるのは縄文人と日本列島3集団（アイヌ、本土、琉球）

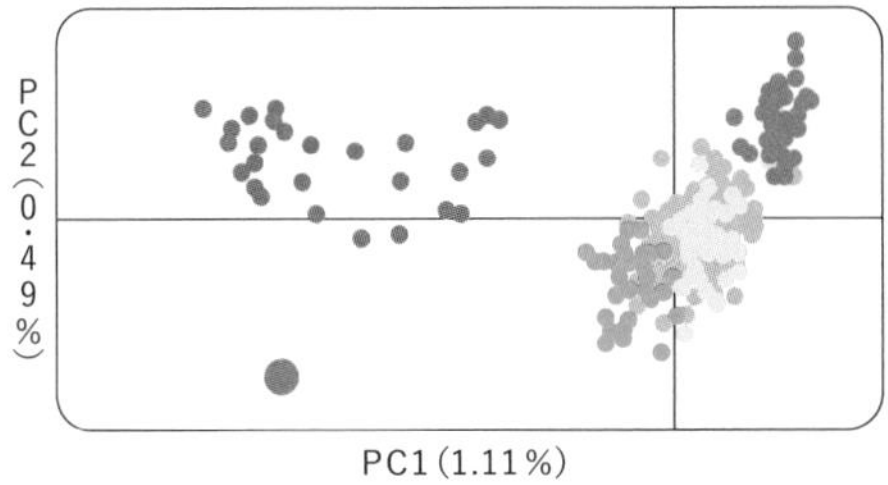

図7. 主成分分析の結果
三貫地縄文人、現代日本列島人（アイヌ、本土日本、琉球）、北京の中国人（CHB）を比較した。JPTとCHBは、HapMapプロジェクトの公開データで、JPTはJapanese Tokyo、CHBはChinese Beijingの略。PC1、PC2はそれぞれ第一主成分軸、第二主成分軸。

との関係である。最初に主成分分析[※6]の結果が得られた時のことはよく覚えている。良い意味で予想を裏切る結果だったのである。二重構造説をそのまま受け入れるならば、日本列島3集団は縄文人と大陸の集団に挟まれる形でプロットされるはずである。しかし結果は、アイヌと縄文人が最も近接するものの、アイヌは間に挟まれていなかった（図7）。これはどういうことか。

日本列島の集団には北のオホーツク文化人からの遺伝的影響もあったことが指摘されている。オホーツク文化人は、7～13世紀にオホーツク海に広く分布した漁撈《ぎょろう》民で、現在のニヴフやツングース系民族

※5　第0章 p18図6参照。
※6　多次元空間の持つ情報を、できるだけ損なわずに低次元空間に縮約する多変量解析の一種。大量の遺伝マーカーを用いて多次元空間に散布図を描いて遺伝関係を調べようとしても、直感的に理解できるのはたかだか数次元である。1万SNPを使えば、1万次元である。それを、人間が理解できるように次元削減を行うのである。

＊略語の説明は章末を参照

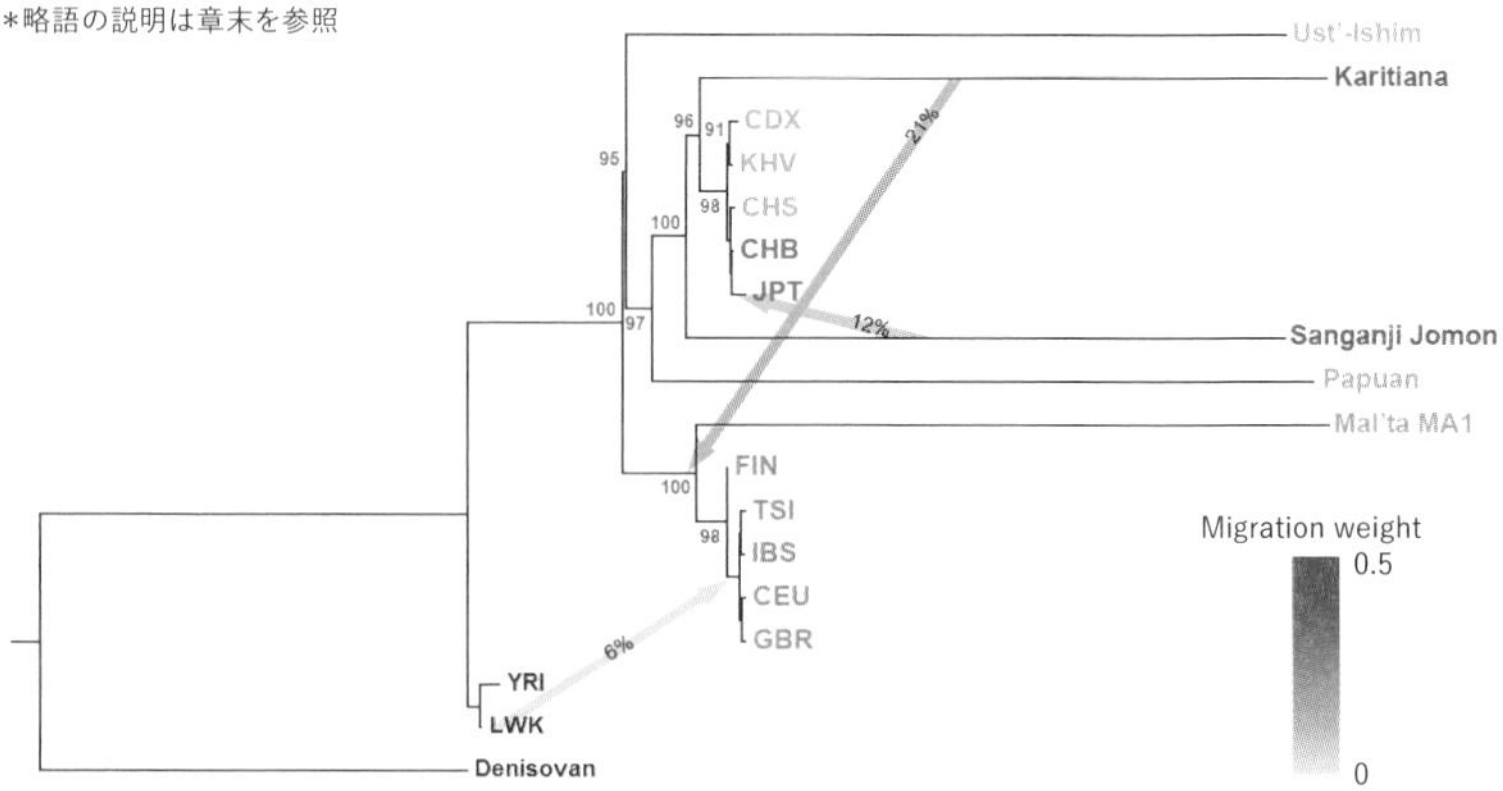

図8. 三貫地縄文人を含む世界の現代人・古代人の系統樹
作成に用いたTreeMixソフトウェアは、混血も推定でき、ここでは三貫地縄文人から本土日本人（JPT）に枝が伸びている。12％という数字は、混血の割合を示している。

と関係があると考えられている。そのオホーツク文化人の遺伝要素が現代のアイヌに見られるのである。私たち日本列島人の成立過程はそう単純ではないのだ！　そのため、北海道に着目して考えると、本土や琉球列島とは異なる独自の集団の成立過程が見えてくる。当初は、オホーツク文化人のＤＮＡ分析も縄文人と同様にミトコンドリアＤＮＡの部分配列でのみ議論されてきたが、最近では全ゲノムによる研究も報告されており、今後ますます発展していくと期待される。つまり、先ほどの主成分分析でのプロットの位置関係は、アイヌにオホーツク文化人の遺伝的影響があると考えれば説明がつく。

縄文人の遺伝要素が現代の日本列島人に残

されていることは確認できた。では、大陸の集団との関係はどうなのだろうか。系統樹を作成してみると、これまた予想を裏切る結果であった。なんと、現代の全ての東アジア人と独立した古い分岐を持つ系統だったのである。東ユーラシアの基層集団といって差し支えないだろう。さらに驚いたのが、南アメリカの先住民と東アジア人の分岐よりも古くに分岐しているという点である（図8）。南アメリカの先住民のルーツはアジアにあり、およそ1万数千年前に現在のベーリング海峡、当時は陸地のベーリンジアを陸伝い、あるいは沿岸域を船で移動してアメリカ大陸に進出した。アジア人との遺伝的な分岐はそれよりも古く、2万年以上前とされている。とするならば、それよりも分岐が古い縄文人のルーツは日本の後期旧石器時代人まで遡るのだろうか。縄文人のゲノム情報から、具体的にいつ、縄文人の系統が大陸集団と遺伝的に分岐したのか調べる方法はないだろうか？　統計手法そのものは存在する。しかしそれは、全ゲノムを100％かつ高精度で解読された現代人ゲノムの場合である。縄文人で同様の解析をするには、縄文人ゲノムの4％しか解読できていない現状を打開する必要がある。目指すは、縄文人の高精度ゲノムだ！

縄文人の高精度ゲノム

２０１５年１月13日、私の手元に極上のＤＮＡが届いた。共同研究をしている山梨大学の安達先生が抽出した、船泊《ふなどまり》遺跡から出土した縄文人骨のＤＮＡである。安達先生はこれまで、多くの縄文人骨のミトコンドリアＤＮＡ分析を手がけてきた古代ＤＮＡ研究のエキスパートだ。この船泊遺跡の縄文人骨に関しても、分析した14体全てでミトコンドリアＤＮＡ分析に成功し、２００９年に論文にて報告している。その安達先生曰《いわ》く、この船泊遺跡の人骨の、特に23号、これは別格だと。まさに縄文人の高精度ゲノムを決定するのに最も適した人骨である。当時、私はすでに国立科学博物館の人類研究部に研究者としての職を得ており、古人骨のＤＮＡ実験とデータ解析に明け暮れていた。

早速、受け取ったＤＮＡを使って実験を開始し、次世代シークエンサで配列データを解析して驚いた。なんと、データの８割はヒトＤＮＡで、バクテリアなどの余計なＤＮＡは２割ほどしかなかったのである。驚きの保存状態の良さである。初めて分析した三貫地縄文人ではヒトＤＮＡの含有率は１％程度で残りの99％はゴミだったが、それとは訳が違う。

まさに別格である。おかげで、現代人ゲノムと同レベルの高精度ゲノムを縄文人骨から初めて取得することができた。さて、DNAデータが得られたので、次はどう料理するか。

共同研究者で斎藤研の先輩である Timothy A. Jinam 助教（現在はサラワク大学）に分岐年代の分析依頼をしたところ、船泊縄文人と大陸の集団の分岐時期は、期待した通り、2万6千年〜3万8千年前の間と後期旧石器時代まで遡った。在地の後期旧石器人が、土器を作り、定住生活をする縄文時代人となったと考えられる。私たち現代日本人のゲノムの1割以上は縄文人から受け継いだが、それが古く後期旧石器時代まで遡ると想像すると、なんともふわふわした不思議な感覚になる。

ではこの縄文要素は日本人に固有のものなのだろうか。実はそうではない。得られた高精度ゲノムを他の地域の集団と比較すると、なんと東アジア沿岸域のウルチや韓国人、台湾先住民、東南アジア島嶼《とうしょぶ》部のフィリピンなどの集団でも、日本人ほどではないが、漢民族など他の東アジア人よりも縄文人と遺伝的親和性があったのだ（図9）。どうしてこのような親和性があるのだろうか。まず考えられるのは、縄文人と起源を同じくする人類集団が、大陸沿岸域に残存していた可能性である。他の可能性として、縄文人あるいはその子孫が縄文文化圏を越えて周辺集団と遺伝的に交流していたことも考えられる。残念なが

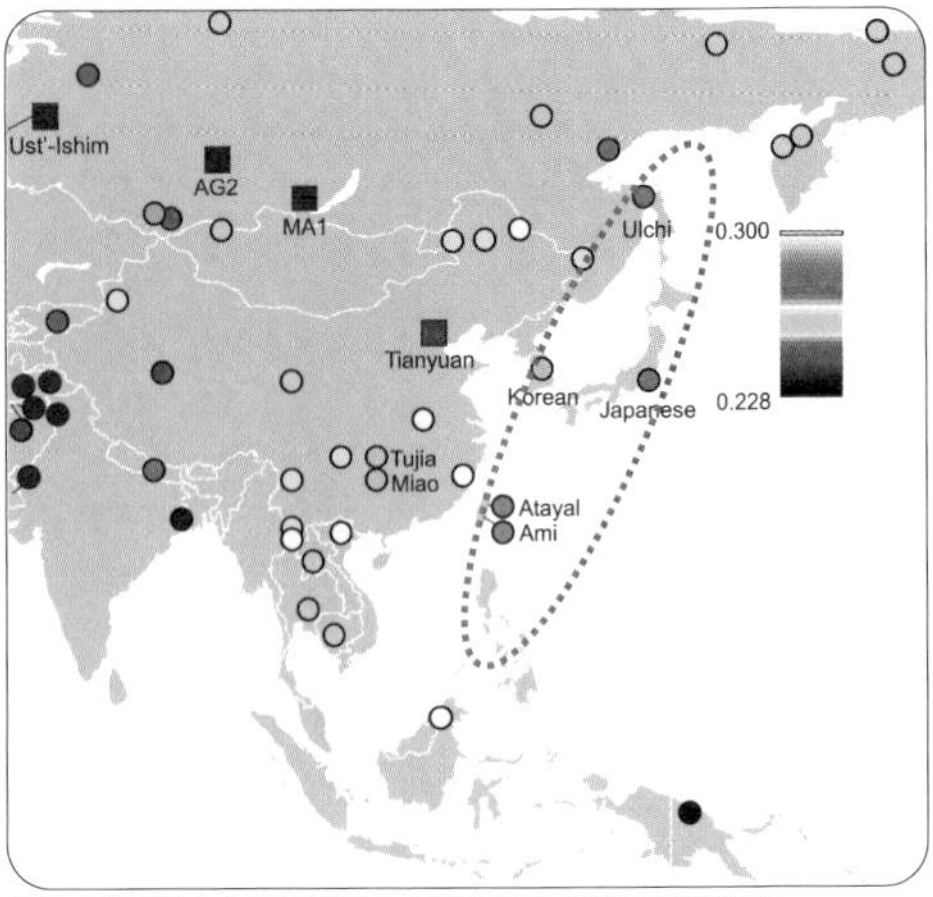

図9. 船泊縄文人と沿岸域の人類集団との遺伝的近縁性

＊略語の説明は章末を参照

ら、現時点で結論はない。ただ最近は、東アジア沿岸域の古代人ゲノムも徐々に蓄積されてきているので、それらの集団との比較解析は、解決の糸口になるかもしれない。

縄文人の高精度ゲノムは、分析した船泊23号女性の姿や体質、疾患関連の分析も可能にした。この分析は、金沢大学の田嶋敦教授、細道一善准教授（現在は東京薬科大学教授）、佐藤丈寛助教（現在は琉球大学准教授）に依頼し、進めてもらった。特徴的な結果だけを抜き出すと、縄文人の肌の色は現代人の平均よりも濃く、髪の毛は巻き毛だったようだ。肌にシミができやすく、アルコール耐性は強かったようだ。疾患関連だと、CPT1A遺伝子に機能的変化を起こすPro479Leuの突然変異が検出された。疾患関連というと響きが悪いが、この突然変異は高脂肪食の代謝に有利で、北極圏に住むヒト集団ではこの変異が見られる頻度は70％を超えている。一方で、日本を含む極北以外の集団には、この変異はほぼ存在しない珍しい変異である。船泊遺跡から出土した遺物の分析では船泊縄文人の生業活動は狩猟・漁撈が中心であったことが示されており、この変異は彼らの生活様式と関連していた可能性がある。問題は、このPro479Leu の突然変異をどのようにして獲得したか、である。単純に考えれば、北極圏の集団からもらったことになる。しかし、これまでのところ、縄文人と北極圏の集団のゲノムを比較しても、繋がりを示す遺伝的親和性は特に見られない。この遺伝子領域にだけ、自然選択がかかったのだろうか。謎は深まるばかりである。

船泊縄文人の一連の成果は、2019年に論文として発表した。現在はさらに多くの古代人のゲノム分析を進めており、船泊縄文人と同等のクオリティのゲノム情報が得られた個体もある。現在は論文化に向けて研究を行っている最中で、ここで詳細を語れないのは残念であるが、またの機会としたい。

図10. ベレル遺跡のクルガン（著者撮影）

現場に行こう！

研究室にこもってひたすら実験と解析の日々の研究生活も良いのだが、分析している人骨や遺跡の背景を知るには、文献を読むだけでなく、実際に現地に足を運んで見るべきだろう。発掘中ならばなおさらである。タイトルにもわざわざビックリマークをつけているように、発掘現場に行けるなら行くべきだ！　と主張したいわけだが、実のところ、私自身はこれまでその機会にあまり恵まれていない。それでも、その数少ない経験の中でも感じるのが、現地に赴くことで、遺物がどのように出土しているのか、遺跡のある環境はどうであるのかを肌で感じることが大事だということである。要は、百聞は一見にしかず、である。コロナ前の2016年なのでもう7年ほど前だが、カザフスタンの考古学者であるSamashev博士の招待を受けて、カザフスタンのアルタイ山脈の渓谷にあるベレル遺跡を訪問する機会があった。現地の見学とDNA分析を行うためのサンプリングが目的である。クルガンと呼ばれる遊牧民の墳墓の発掘作業が行われていたが、圧巻の大きさと深さだった。その地域の有力者の墓であろうが、5メートル四方、深さ10メートルはありそうな穴の底に、埋葬人骨と、それを取り巻くように多数のウマが埋葬されていたのである（図10）。ウマの骨も含めて、極めて保存状態は良さそうに見えた。それもそのはず、ベレル遺跡は日本の北海道よりもさらに緯度が高く、さらに標高も1000メートル以上なので、とても冷涼な環境なのである。こういったことは、実験室にこもりっきりではわからないので、貴重な経験であった。また、ベレル遺跡はあの有名なデニソワ洞窟[※7]から直線距離で南南東に300キロほどしか離れていないので、デニソワ洞窟の環境もこれと似ているのだろうなと想像が膨らんだ。

※7　デニソワ洞窟は、旧人であるデニソワ人が初めて発見された洞窟である。デニソワ洞窟からはデニソワ人以外にもネアンデルタール人の骨も見つかっており、ネアンデルタール人の母親とデニソワ人の父親の間に生まれたデニソワ11号も見つかっている。

私自身も発掘作業に携わらせてもらった石垣島の白保《しらほ》竿《さお》根《ね》田原《たばる》洞穴遺跡は、これまでで最も印象に残る現場である。この遺跡は、日本列島で数少ない後期旧石器時代の人骨が出土している重要な遺跡である。２０１０年から２０１６年まで発掘作業が行われ、私自身は２０１４年から３年間、夏の約２週間ほどの発掘に参加していた。２０１５年の夏、前年度の段階で左の膝の一部が出土した場所を中心に発掘作業が進められた（図11）。１体の人骨が埋葬されている空間はそれほど広くはない。なので、人骨が出そうな場所は発掘の中心である形質人類学者の土肥《どい》直美先生、職場の同僚の河野《こうの》礼子さん（現在は慶應大学教授）が担当し、私はというと、あなたはこっちね、と言われて割り振られた数十センチほど離れた場所を掘り進めていた。梅雨の明けた先島諸島の強い日差しにやられそうになりながらも、黙々と作業していたら、何かが土の中から出てきたではないか。なんと頭蓋骨を掘り当ててしまったのだ！　後期旧石器時代の頭蓋骨を掘り当てる機会のある遺伝学者など、これまでほとんどいないだろう。大興奮！　とな

図11. 白保竿根田原洞穴遺跡の発掘の様子
露出した骨の周りの土を、竹串で慎重に掘り起こしている。
（著者撮影）

りそうだが、掘り当てた当初は、実はそれが骨かもよくわかっていなかった（正確に言うと、ツルッとして骨っぽいなとは思ったのだが、石灰岩質の洞窟なので似たような岩がゴロゴロあるのに加えて、部位がわからなかったので自信がなかった）。「これは骨でしょうか」と聞いて、一部が土から顔を出したそれを見た土肥先生は、愕然としていたように私には見えた。頭蓋骨だと教えてもらって初めて、「あ！　眉弓の部分か！」と気づいたのである。

図8の略語の説明

略語	内容
Ust-Ishim	ウスチ・イシム人（シベリア）
Karitiana	カリティアナ族（南アメリカの先住民）
CDX	ダイ族（中国）
KHV	キン族（ベトナム）
CHS	南漢民族（中国南部）
CHB	漢民族（中国）
JPT	日本人（東京）
Sanganji Jomon	三貫地縄文人（日本）
Papuan	パプア人（パプアニューギニア）
Mal'ta MA1*1	古代のシベリア人
FIN	フィンランド人（フィンランド）
TSI	トスカーナ人（イタリア）
IBS	イベリア人（スペイン）
CEU	北欧および西欧の祖先を持つユタ州居住者（CEPH）
GBR	イギリス人（英国）
YRI	ヨルバ人（ナイジェリア他）
LWK	ルヒヤ人（ケニア他）
Denisovan*2	デニソワ人（古代のアジア人）

*1　1920年代にシベリア中南部のマリタ（Mal'ta）で発掘された、骨の標本。約2万4000年前のシベリアに生きていた子供とされる。現在はエルミタージュ博物館に保管されており、化石標本「MA1」として知られている。

*2　約40万年前にネアンデルタール人から分岐し、アジア全域に存在していたとされる古人類。2010年、シベリア南部にあるデニソワ洞穴で4万年前の遺骨が発掘された。

図9の略語の説明

略語	内容
Ulchi	ウリチ
Japanese	本土日本人
Korean	韓国人
Atayal	タイヤル族
Ami	アミ族
Tilanyuan	田園洞人
Tujia	トゥチャ族
Miao	ミャオ族
Ust-Ishim	ウスチ・イシム人
AG2*3	古代のシベリア人
MA1*1	古代のシベリア人

*3　南中央シベリアにあるアフォントヴァゴラ遺跡で発見された人骨（Afontova Gora-2）。約1万7000年前の骨とされる。

おわりに

本書は、文部科学省の資金で２０１８年度から２０２２年度までの５年間に研究がおこなわれた新学術領域研究「ヤポネシアゲノム」の成果である。ひとつの領域研究には、計画研究と公募研究の２種類のグループが設置される。ヤポネシアゲノムでは、６個の計画研究を設置し、公募研究は２０１９〜２０２０年度の２年間と２０２１〜２０２２年度の２年間を設けた。計画研究には、現代人ゲノム、古代人ゲノム、動植物ゲノムをそれぞれ決定解析するＡ０１班、Ａ０２班、およびＡ０３班、さらに考古学を研究するＢ０１班、言語学を研究するＢ０２班、そして大規模ゲノムデータの解析を行なうＢ０３班の６班があった。Ａ０１班の班長は私、Ａ０２班の班長は篠田謙一（国立科学博物館館長）、Ａ０３班の班長は鈴木仁（北海道大学名誉教授）、Ｂ０１班の班長は藤尾慎一郎（国立歴史民俗博物館教授）、Ｂ０２班の班長は遠藤光暁（青山学院大学教授）、Ｂ０３班の班長は長田直樹（北海道大学准教授）である。これら６名の班長に加えて、Ｂ０２班の班員である木部暢子（大学共同利用機関法人人間文化研究機構機構長）の７名が総括班のメンバーとなり、ヤポネシアゲノムプロジェクトの運営を担当した。公募研究は、２０１９〜２０２０年度には13名が、２０２１〜２０２２年度には21名が選ばれた。なお、総括班７名とＢ０１班の木下尚子（熊本大学名誉教授）が編集委員となって、ヤポネシアゲノムでは季刊誌 Yaponesian を刊行した。

本書の著者のなかで、神澤秀明と山田康弘はそれぞれＡ０２班とＢ０１班の班員であり、太田博樹、内藤健、菅裕の３名は公募研究に参加した。このうち、神澤と太田は古代人のゲノムＤＮＡを研究しており、山田は縄文時代を、内藤はアズキゲノムを、菅はウルシゲノムをそれぞれ研究している。５人とも、ヤポネシアゲノムのプロジェクトにおいて大きな研究成果をあげてきた方々である。本書の内容が読者の興味を満たしていただけることを期待している。

最後に、本書を日本における古代ＤＮＡ研究のさきがけだった故宝来聰先生にささげる。

２０２３年９月

斎藤成也

アルコール代謝に関連する遺伝子について：
Oota et al. (2004) The evolution and population genetics of the ALDH2 locus: random genetic drift, selection, and low levels of recombination. *Annals of Human Genetics,* 93-109. doi: 10.1046/j.1529-8817.2003.00060.x.
Han et al. (2007) Evidence of positive selection on a class I ADH locus. *The American Journal of Human Genetics,* 80(3):441-56. doi: 10.1086/512485.

伊川津の縄文女性と子供との関係について：
Waku et al. (2022) Complete mitochondrial genome sequencing reveals double-buried Jomon individuals excavated from the Ikawazu shell-mound site were not in a mother-child relationship. *Anthropological Science,* 130: 39-45. doi: 10.1537/ase.220129

縄文人の遺伝的多様性に関する筆者らの総説：
Koganebuchi and Oota (2021) Paleogenomics of human remains in east asia and yaponesia focusing on current advances and future directions. *Anthropological Science,* 129: 59-69. doi: 10.1537/ase.2011302.

第3章 アズキはどこで生まれたのか

参考文献：
種生物学会 編／佐藤安弘・村中智明 責任編集(2023)『植物の超階層生物学』文一総合出版
種生物学会 編／永野惇・森長真一 責任編集(2011)『ゲノムが拓く生態学』文一総合出版
津村義彦・陶山佳久 編著(2012)『森の分子生態学2』文一総合出版
種生物学会 編／池田 啓・小泉逸郎 責任編集(2013)『系統地理学』文一総合出版
Sakai H and Naito K et al.(2015)The power of single molecule real-time sequencing technology in the de novo assembly of a eukaryotic genome. *Scientific Reports,* 16780. https://doi.org/10.1038/srep16780

第4章 日本列島人はどこから来たのか

読書案内：
篠田謙一(2022)『人類の起源』中公新書
篠田謙一(2015)『DNAで語る 日本人起源論』岩波現代全書
デイヴィッド・ライク 著、日向やよい 訳(2018)『交雑する人類』NHK出版
スヴァンテ・ペーボ 著、野中香方子 訳(2015)『ネアンデルタール人は私たちと交配した』文藝春秋

コラム 漆の過去・現在・未来

参考文献：
夜久野の漆産業について(漆掻きの男たちについても言及されている)：
中島健治(1981)『日置部落史』日置老人クラブ睦会
国産漆の歴史について(漆が戦時中戦艦や戦闘機に使われた話がでてくる。幕末の国内漆生産量を30万貫と記載)：
川添孝藏(1936)『国産漆奨励会十年史』国産漆奨励会

References

参考文献

第0章 日本列島人のはじまり

引用・参考文献：

Jinamら(2021a)Modern human DNA analyses with special reference to the inner dual-structure model of Yaponesian. *Anthropological Science,* vol. 129, no. 1, 3-11.
Jinamら(2021b)Genome-wide SNP data of Izumo and Makurazaki populations support inner-dual structure model for origin of Yamato people. Journal of Human Genetics, vol. 66, 681-687.
神澤秀明ら(2017)A partial nuclear genome of the Jomons who lived 3000 years ago in Fukushima, Japan. *Journal of Human Genetics.* vol. 62, 213-221.
神澤秀明ら(2019)Late Jomon male and female genome sequences from the Funadomari site in Hokkaido, Japan. *Anthropological Science,* vol. 127, no. 2, 83-108.
斎藤成也(2004)『ゲノムと進化～ゲノムから立ち昇る生命～』新曜社
斎藤成也(2015)『日本列島人の歴史』岩波ジュニア新書
斎藤成也(2017)『核DNA解析でたどる日本人の源流』河出書房新社
Saitou N. (2018)*Introduction to Evolutionary Genomics Second Edition.* Springer.
斎藤成也 編(2020)『最新DNA研究が解き明かす。日本人の誕生』より第2章「ヤポネシア人の起源と成立をめぐるこれまでの説」秀和システム、44-77頁
斎藤成也(2023)『ゲノム進化学』共立出版

第1章 縄文時代を「掘る」

読書案内：

山田康弘(2019)『縄文時代の歴史』講談社現代新書
山田康弘(2022)『縄文人も恋をする!?』ビジネス社
山田康弘 監修(2021)『地図でスッと頭に入る縄文時代』昭文社

第2章 お酒に弱い遺伝子とウンコの化石のゲノムから何がわかるか

コラム 縄文人の血縁関係を古人骨のゲノム解析で調べる

参考文献：

太田博樹(2018)『遺伝人類学入門』筑摩書房
太田博樹(2023)『古代ゲノムから見たサピエンス史』吉川弘文館
脇山由基・太田博樹 (2022)「千葉県遺跡出土の古人骨DNAから見た縄文社会」『科学で読みとく縄文社会』高橋龍三郎 編、同成社
太田博樹・長谷川眞理子 編著(2013)『ヒトは病気とともに進化した』勁草書房
坂野徹・竹沢泰子 編著(2016)『人種神話を解体する2 科学と社会の知』東京大学出版会
竹沢泰子・ジャン＝フレデリック・ショブ　編著(2022)『人種主義と反人種主義：越境と転換』京都大学学術出版会
井原泰雄・梅﨑昌裕・米田穣 編著(2021)『人間の本質にせまる科学：自然人類学の挑戦』東京大学出版会
斎藤成也(2007)『ゲノム進化学入門』 共立出版
山田康弘(2019)『縄文時代の歴史』 講談社現代新書

1000ゲノムプロジェクトについて：

1000 Genomes Project Consortium (2015) A global reference for human genetic variation. *Nature,* 526(7571):68-74. doi: 10.1038/nature15393.

Index

索引

あ

か

さ

た

内藤 健
Ken Naito

1978年滋賀県生まれ。農研機構遺伝資源研究センター上級研究員。京都大学大学院農学研究科修了、博士（農学）。波打ち際や石灰岩の上など、すごい場所に生えている野生アズキ類の虜になる。主な研究テーマは食糧問題解決へのヒントを探るべく、海辺に生える野生アズキ類の耐塩性。近年、東京大学大学院新領域創成科学研究科客員准教授として学生への指導にも力を入れている。共著に『植物の超階層生物学』（文一総合出版、2023年）などがある。

神澤秀明
Hideaki Kanzawa

1984年埼玉県生まれ。国立科学博物館人類研究部研究主幹。総合研究大学院大学生命科学研究科遺伝学専攻修了、博士（理学）。専門は分子人類学。日本列島を中心とした古代人のゲノムを分析し、古代人と現代人との遺伝関係から集団の成立の解明を試みている。雑誌「科学」（岩波書店）などに寄稿。

菅 裕
Hiroshi Suga

1972年広島県生まれ。県立広島大学生物資源科学部教授。博士（理学）。京都大学卒業後、バーゼル大学（スイス）、バルセロナ大学、進化生物学研究所（ともにスペイン）を経て現所属。動物は進化の過程でどのようにして多細胞化したのかを研究テーマの主軸に据える一方、ヤポネシアゲノムプロジェクトでは、分子生物学の技術を活かし、ウルシのゲノム解読を行った。共著に、『アメーバのはなし』（朝倉書店、2018年）、『原生生物学事典』（朝倉書店、2023年）などがある。

Profile

著者紹介

斎藤成也
Naruya Saito

1957年福井県生まれ。国立遺伝学研究所名誉教授・特任教授。琉球大学医学部客員教授。さまざまな生物のゲノムを比較し、人類の進化の謎を探る一方、縄文人などの古代DNA解析を進めている。主な著書に『ゲノム進化学』(共立出版、2023年)、『核DNA解析でたどる 日本人の源流』(河出文庫、2023年)、『人類はできそこないである』(SB新書、2021年)、『歴誌主義宣言』(ウェッジ、2016年)、『日本列島人の歴史』(岩波ジュニア新書、2015年)、『ダーウィン入門』(ちくま新書、2011年)、編著に『図解 人類の進化 猿人から原人、旧人、現生人類へ』(講談社ブルーバックス、2021年)、『ヒトゲノム事典』(一色出版、2021年)、『DNAでわかった日本人のルーツ』(宝島社、2016年)などがある。

山田康弘
Yasuhiro Yamanda

1967年東京都生まれ。筑波大学大学院博士課程歴史・人類学研究科中退、博士(文学)。現在、東京都立大学人文社会学部教授。専門は先史学。縄文時代の墓制を中心に当時の社会構造・精神文化について研究を行う一方で、考古学と人類学を融合した研究分野の開拓を進めている。主な著書に『縄文時代の歴史』(講談社現代新書、2019年)、『縄文人の死生観』(角川ソフィア文庫、2018年)、『老人と子供の考古学』(吉川弘文館、2014年)などがある。

太田博樹
Hiroki Ota

1968年愛知県生まれ。東京大学大学院理学系研究科生物科学専攻修了、博士(理学)。1992年に古人骨DNA分析をテーマに研究を開始。ドイツ・マックスプランク進化人類学研究所やイエール大学医学部、北里大学医学部での研究を経て、現在、東京大学大学院理学系研究科生物科学専攻教授。著書に『古代ゲノムから見たサピエンス史』(吉川弘文館、2023年)、『遺伝人類学入門—チンギス・ハンのDNAは何を語るか』(ちくま新書、2018年)などがある。

Staff

装丁・デザイン　望月昭秀＋片桐凜子（NILSON）
装画・本文イラスト　しまはらゆうき、
青木 隆（p.9、p.11-12、p.248）

ゲノムでたどる 古《こ》代《だい》の日《に》本《ほん》列《れっ》島《とう》

2023年　10月12日　第1刷発行
2024年　5月20日　第2刷発行

監修・著　斎藤《さいとう》成《なる》也《や》
著　山《やま》田《だ》康弘《やすひろ》・太《おお》田《た》博《ひろ》樹《き》・内藤《ないとう》健《けん》・神澤《かんざわ》秀明《ひであき》・菅《すが》裕《ひろし》

発行者　渡辺能理夫
発行所　東京書籍株式会社
〒114-8524　東京都北区堀船2-17-1
電話　03-5390-7531（営業）
03-5390-7515（編集）

印刷・製本　株式会社リーブルテック

ISBN 978-4-487-81661-3 C0040　NDC467

出版情報　https://www.tokyo-shoseki.co.jp